Langeweile

Ihre Bedeutung für die moderne Sozialarbeit

von

Uwe Maier

Tectum Verlag
Marburg 2002

Die Deutsche Bibliothek - CIP-Einheitsaufnahme

Maier, Uwe:
Langeweile.
Ihre Bedeutung für die moderne Sozialarbeit.
/ von Uwe Maier
- Marburg : Tectum Verlag, 2002
ISBN 978-3-8288-8432-8

Tectum Verlag
Marburg 2002

INHALT

1.
Einführung in das Problem der Langeweile

Als ich mit den Vorarbeiten zu dieser Arbeit begann, hatte ich eine gewisse Vorstellung vom Problem der Langeweile. Ich ging davon aus, daß die Langeweile erst in der Neuzeit ein Problem geworden ist, das hätte sich aus der Arbeitsteilung in der modernen Gesellschaft ergeben. Aber schon sehr bald mußte ich feststellen, daß diese Arbeitshypothese völlig ungenügend war. Schon der Begriff „Langeweile" ist nur schwer zu handhaben. Einige der modernen Autoren unterscheiden grob zwischen einer banalen, vorübergehenden Langeweile und einer tiefen existenziellen Langeweile. Und während zum Beispiel Martin Heidegger 1929/30 die banale Langeweile weiter unterteilt in „Langeweile bei..." und „Langeweile an..." und sie dabei sehr treffend beschreibt, begibt er sich bei der tiefen Langeweile auf einen kolossalen Holzweg. Aber auf einem ebensolchen Holzweg befand ich mich, als ich annahm, daß Blaise Pascal der erste gewesen sei, der sich mit dem Langeweile-Begriff beschäftigt hat. Dies wäre plausibel gewesen, wenn die Langeweile ein Problem des modernen Menschen gewesen wäre. Aber Langeweile und ähnliche Erscheinungen werden bereits von den alten Ägyptern beschrieben.

Also ist Langeweile kein Problem der Moderne. Vielmehr wird dieses Thema in der Antike von den Ägyptern, den Griechen und den Römern in unterschiedlichen Variationen beschrieben. Auch im europäischen Mittelalter und in der Neuzeit ist es ein Thema.

Kant hatte ein einfaches Rezept gegen Langeweile: Abwechslung! Wenn der Mensch also erst einmal hart arbeitet, dann kann er sich über den Feierabend so richtig freuen.

Nietzsche ärgert sich über das gelangweilte Publikum in den zeitgenössischen Musiktheatern. Sein Rezept: Der „Grüne Hügel" in Bayreuth.

Camus paßt eigentlich nicht so ganz in diese Arbeit, denn das Wort „Langeweile" kommt in „Der Mythos von Sisyphos" nicht ein einziges Mal vor. Aber ich interpretiere den „absurden Moment" als mögliche Manifestation der tiefen, existenziellen Langeweile.

Der Psychoanalytiker Erich Fromm erklärt die Langeweile zum einen zur Existenzform des Habens gehörig, zum anderen schildert er die Langeweile als eine der Grundursache für die menschliche Destruktivität. In seinem Buch „Haben oder Sein" kritisiert er die Haben-Orientierung der modernen Gesellschaft und die damit verbundene Langeweile.

Zu Martin Heidegger ist zu sagen, daß er am Ende des industriellen Zeitalters arbeitete und lehrte. So sind auch seine Fehler in der Vorlesung 1932/33 zu erklären. Er wurde eben durch das ausgehende Industriezeitalter geprägt und verkannte die Probleme der „Risikogesellschaft" völlig.

Und selbstverständlich ist die Langeweile auch für die moderne Sozialarbeit ein Thema. Und das nicht nur in totalen Institutionen wie Gefängnissen oder Psychiatrien. Auch in anderen, offenen Einrichtungen wie Altenheimen und Krankenhäusern ist Langeweile ein Problem, und zwar nicht nur für die „Insassen" sondern auch und gerade für das Personal.

Und auch bei der Schuldnerberatung spielt die Langeweile eine entscheidende Rolle.

Und auch eher unverdächtige Unternehmungen wie etwa Einrichtungen der offenen Jugend- oder der niedrigschwelligen Drogenarbeit haben mit der Langeweile zu kämpfen.

Und sportliche Betätigungen und Ähnliches haben ihren Ursprung unter anderem in der Bekämpfung der Langeweile.

Es stellt sich nun die Frage, warum ein so grundlegendes Thema nur so sporadisch thematisiert wird.

5

Ich nehme an, daß das Thema „Langeweile" auf der einen Seite einfach zu „nah" ist. Jeder kennt es, keiner will Langeweile haben oder gar langweilig sein. Und andererseits gibt es für die Probleme, die aus der Langeweile entstehen, (noch?) keine Lösungen.

Ich schreibe das vorsichtshalber schon einmal an dieser Stelle, damit der Leser oder die Leserin, die sich von der Lektüre dieser Arbeit eine Lösung ihrer Probleme erhoffen, sich nicht durch die Seiten quälen und sich dabei abgrundtief langweilen. Denn Lösungen kann ich nicht anbieten, höchstens Anregungen.

Allen anderen sei zum Trost gesagt:

Diese Arbeit ist Produkt eines Studienganges, somit eine Kulturleistung. Und es gibt die begründete Hypothese, daß auch die Langeweile ein Produkt des Kulturprozesses ist. Ohne Kultur gäbe es wahrscheinlich keine Langeweile, weil der Mensch viel zu sehr mit dem Überleben beschäftigt wäre.[1] Und ich denke, daß ich mich da doch lieber ein bißchen langweile.

In diesem Sinne: Viel Vergnügen bei der Lektüre!

---

[1] Bellebaum, Alfred: „Langeweile, Überdruß und Lebenssinn – Eine geistesgeschichtliche und kultursoziologische Untersuchung", Westdeutscher Verlag, Opladen, 1990, S. 163f

2.
GESCHICHTLICHER ÜBERBLICK

2.1.   Vom Ägyptischen Totenbuch bis zu den Pensees

Es ist sicherlich schwierig, Aussagen über das Gefühlsleben von
Menschen zu machen, die in frühgeschichtlicher Zeit gelebt haben.
Denn es gibt nur wenige, sich zum Teil widersprechende Funde aus
jenen Tagen, was unter anderem zur Folge hat, daß die Zusammen-
hänge zwischen den einzelnen „Schulen" weitgehend im Dunkeln
bleiben. So schreibt beispielsweise Alfred Bellebaum[2]:

„*Obwohl die Quellenlage diffus ist, gibt es neben anderen Einflüs-
sen doch auch einen bemerkenswert engen Zusammenhang zwischen
stoischer Philosophie ... und evagrianischen Ansichten.*"

Das bedeutet, daß die Todsünden, die schon im frühen Christentum
eine Rolle spielten, auf hellenistische Schriften zurückgehen. Die
antiken Autoren in Griechenland nun wieder kannten alte semitische
Schriften und das ägyptische Totenbuch. In diesen Schriften gibt es
Stellen, die auf Vorläufer des christlichen Sündenkreises hindeuten.
Auch diese Quellen nennen so etwas wie Todsünden.

Eine dieser Todsünden ist die acedia, was Bellebaum mit „*anxietas
sive taedium cordis (Beängstigung, innerlicher Überdruß – Überdruß des Herzens, geistige Lustlosigkeit, Herzenslahmheit, verdros-
sene Gleichgültigkeit)*" übersetzt[3].

Über den Umweg über die Stoa und das antike Griechenland ge-
langte die Lehre an den acht Lastern also zu den frühen Mönchen

---

[2]   Bellebaum, a.a.O.: S. 18
[3]   Bellebaum, a.a.O.: S. 17

Cassian und Evagrius. Hier entstand dann der Lasterkanon, der noch heute in religiösen Kreisen von Bedeutung ist.

Neben Hochmut und Völlerei steht hier die Acedia, *„Acedia/Mutlosigkeit beziehungsweise Trägheit: Gegensatz zur Kardinaltugend Tapferkeit...bzw. Geduld. Das meint hier das Starksein mit Blick auf die Überwindung der Widerstände gegen die Tugend. Ihr Gegenteil ist die Verdrossenheit.“*[4]

Evagrius und Cassian beschreiben sehr exakt das Problem der Langeweile bei den Mönchen, den berühmten Mittagsdämon[5]. Bedingt durch die Einsamkeit des mönchischen Lebens und auch als Folge des Fastens in der Wüste haben sich die Mönche gerade in der heißen Mittagszeit sehr gelangweilt. Und als Folge dieser Langeweile konnten sie sich nicht mehr auf ihre religiösen Pflichten konzentrieren. Dieser Mittagsdämon, übrigens auch schon bekannt aus Psalm 90 Vers 6[6] wird immer wieder erwähnt, und zwar nicht nur in der mönchischen Literatur.

In ganz Europa gibt es sogenannte Mittagsgeister, die vor allen Dingen über die Mittagsruhe bei den Bauern auf den Feldern wachen. Für Thomas von Aquin (1225-1274) ist der Überdruß *„nicht einfach Faulheit, denn diese ist dem Eifer entgegengesetzt, dem Überdruß aber die Freude. Der Überdruß ist vielmehr... eine besondere und zugleich schlimme Art von Trauer des Menschen über etwas, worüber er eigentlich allen Anlaß hätte, sich zu freuen: das göttliche Gut/bono divino.“*[7]

Vereinfacht gesagt kann der gelangweilte Mensch die göttlichen Güter nicht würdigen und versündigt sich so gegen Gott.

---

[4] Bellebaum, a.a.O.: S. 19
[5] Bellebaum, a.a.O.: S. 26f
[6] Bellebaum, a.a.O.: S. 30
[7] Bellebaum, a.a.O.: S. 33

Hier zeigt sich auch die Denkweise des mittelalterlichen Menschen: Wichtig ist hier das Verhältnis zu Gott und alles, was dieses Verhältnis stört, führt zu Hölle und Ewiger Verdammnis. Und deswegen hilft dagegen nur Askese und Gottesdienst im weitesten Sinne.

Eigentliche Ursachenforschung oder Phaenomenologie wurde hier, zumindest in Europa, nicht betrieben.

Dante (1265-1321), der die theologischen und philosophischen Lehren des Thomas von Aquin dichterisch umgesetzt hat, kommt in seiner Göttlichen Komödie, wo er Hölle und Fegefeuer beschreibt, an zwei Stellen auf die Acedia zu sprechen.

Zum besseren Verständnis sei noch gesagt, daß in der Göttlichen Komödie zwei Irdische Wanderer bei Jerusalem den Abstieg zur Hölle finden und dort hinabsteigen. Die Hölle ist trichterförmig angelegt. Zunächst kommen dort die Ringe des Fegefeuers, dann die Ringe der Hölle. Im Zentrum des Trichters sitzt Satan in einem Eisblock und wartet auf seine Rückkehr auf die Erde. Die beiden Wanderer haben auf ihrer Reise Gelegenheit, sich mit den Verdammten zu unterhalten[8]:

„Hölle, vierter Sündenkreis des fünften Höllenkreises...: Im Schlamm steckend spricht es: Traurig ließen die süßen Lüfte uns in heitrer Sonne, Gewohnt, ins Herz des Trübsinns Qualm zu schießen"...

und Fegefeuer, vierter Sündenkreis, Gesang 18:

„...Und er, stets Helfer meiner Kümmernisse,

Sprach: Dreh dich hierher! Sieh von ihnen zweie Angekommen, die der Trägheit Bisse geben."

---

[8]   Bellebaum, a.a.O.: S. 34

Interessant wäre es hier noch anzumerken, daß Galileo Galilei, einer der Väter der modernen Wissenschaft, diese Hölle nach den Angaben von Dante vermessen hat. Aber das nur am Rande.

Eine weitere Spielart der Langeweile, die Melancholie, spielt in der mittelalterlichen Säftelehre eine Rolle. Auch diese Säftelehre hat eine lange Geschichte, unter anderem geht die Lehre von den vier Körpersäften auf den Corpus Hippocratus zurück, der im 5. vorchristlichen Jahrhundert erschienen ist.

Grundidee dieser Lehre ist, daß im menschlichen Körper vier Säfte fließen: Gelbe Galle, schwarze Galle, Blut und Schleim. Wichtig ist, daß diese Säfte im richtigen Verhältnis zueinander fließen. Gewinnt einer dieser Säfte die überhand, wird der Mensch krank. Einfluß auf die Säfte haben bestimmte Planeten. Bei der für die Melancholie zuständigen schwarzen Galle ist das der Saturn.

Der Corpus Hippocratus[9] schreibt über die Melancholie:

„Benommenheit begleitet sie fortwährend; Appetitlosigkeit, Depression, Schlaflosigkeit, Anfälle von Zorn, Unbehagen... Solche überlieferten Anzeichen krankhafter Melancholie werden schon damals zumindestens ärztlicherseits als lebensfeindlich und lebensbedrohlich empfunden. Sie behindern ja den Kranken unmittelbar in seinen menschlichen Möglichkeiten."

Und auf Seite 45 zitiert Bellebaum einen Zeitgenossen Dantes:

„(Dabei) steigt (er) die leuchtende Stufenleiter der Kontemplation bis zur Anschauung des Göttlichen empor... und selbst die Musik der Sphären verstummt."

Durch den Rückzug des Melancholikers von der banalen Welt wird es ihm möglich, sich in göttliche, geniale Sphären emporzuschwingen.

---

[9] Zitiert nach: Bellebaum, a.a.O.: S. 43

Nach Meinung von Bellebaum wirken hier die Lehren des Aristoteles nach, der genau das vermutet hatte.

2.2. Exkurs: Vergleich zwischen der mittelalterlichen Säftelehre und den „Grundformen der Angst"

Hier möchte ich nun einen kleinen Exkurs machen zu den „Grundformen der Angst" von Fritz Riemann[10]. Fritz Riemann, Psychologe und Psychoanalytiker, kam nach langen klinischen Studien zu dem Ergebnis, daß das Leben der Menschen von vier Ängsten bestimmt wird. Aus dieser Überlegung heraus entwickelte er eine Typenlehre.

Jeder Mensch besitzt alle diese vier Ängste, aber sie müssen in einem vernünftigen Verhältnis zueinander stehen. Gewinnt eine dieser Ängste die Oberhand, wird der Mensch krank. Also im Grunde genommen dieselbe Idee, der auch die mittelalterliche Säftelehre und ihre hellenistischen Vorläufer zugrunde liegt.

Aber die Parallelitäten gehen noch weiter. Denn über die zweite Persönlichkeit, den Depressiven, der Angst hat vor der Selbstwerdung und diese Angst als Ungeborgenheit und Isolierung erlebt, schreibt Riemann:

„Auch für die depressive Persönlichkeitsstruktur gibt es eine Linie von Menschen mit durchaus noch völlig gesund zu nennenden depressiven Einschlägen über leichtere bis zu den schweren ...depressiven Persönlichkeiten; wir können sie folgendermassen skizzieren: Kontemplation, Beschaulichkeit – stille Introvertierte – Bescheidenheit, Schüchternheit – Gehemmtheit im Fordern und sich Behaupten – Bequemlichkeit, rezeptive Passivität – passive Erwartungshaltung (Schlaraffenerwartungen vom Leben) – Hoffnungslosigkeit – Deppression – Melancholie (!)"

---

[10] Reimann, Fritz: „Grundformen der Angst – Eine tiefenpsychologische Studie", Ernst Reinhardt Verlag, München, 1993, S. 100ff

12

Und weiter: „*Nicht selten steht am Ende dieser Linie der Selbstmord oder die völlige Apathie und Indolenz, oder es wird ausgewichen in eine Sucht, die aber nur vorübergehend das Ich stärkt, die Depression aufhebt.*"

Aber während die Säftelehre beim „Melancholiker" den Hang zum genialischen sah, sieht Riemann die depressiven Typen vor allen Dingen in der pflegerischen, pädagogischen, gemeinnützigen und sozialen Berufen. Hier haben sie Neigungen, hier haben sie Qualitäten.

Aber zumindest kann man sagen, daß auch Riemanns Typenlehre nicht nur negative, krankhafte Eigenschaften nennt, sondern durchaus auch positive und liebenswerte. Ich spreche hier allerdings nur von der Sonderform der Melancholie. Denn anfällig für die banale Langeweile scheint mir bei Riemann eher der hysterische Typ, der Angst hat vor Notwendigkeiten und diese als Endgültigkeit und Unfreiheit erlebt.

Aber mit diesem Exkurs will ich sozusagen die Zeit vor Pascal abschließen. Viele interessante Personen und Probleme sind hierbei nicht zur Sprache gekommen. Zum Beispiel Senecca, der im ersten Jahrhundert die Langeweile seiner römischen Mitbürger geschildert hat und dabei Dinge berichtet, die merkwürdig „postmodern" anmuten.

Vor allen Dingen aber gilt er wortgeschichtlich gesehen als Erfinder des „*taedium vitae*", des Lebensüberdruß. Dieses taedium vitae führt in direkter Linie zum Ennui, den Blaise Pascal beschreibt[11].

---

[11] Bellebaum, a.a.O.: S. 51

3.
PHILOSOPHISCHE REFLEXIONEN

3.1. Pascal: Über die Zerstreuung

Blaise Pascal beschäftigte sich in der ersten Hälfte seines Lebens mit der Existenz des Menschen. Das erscheint heute nicht mehr sehr überraschend, aber im 17. Jahrhundert war das alles andere als selbstverständlich. Nach dem mystischen Erlebnis, das er im Jahr 1654 hatte, änderte sich der Gegenstand seiner Überlegungen total. Er beschäftigte sich bis zu seinem Tod fast nur noch mit theologischen Problemen.[12] Diese sogenannten Christlichen Betrachtungen gelten zwar als der Gipfelpunkt seines Schaffens[13], sie werden hier aber von mir nicht weiter beleuchtet.

Für uns interessant ist beispielsweise das Fragment Nr. 70[14], in dem sich Pascal mit dem Verhältnis des Menschen zu Gegenwart, Vergangenheit und Zukunft beschäftigt.

Hier schreibt Pascal, daß der Mensch nie in der Zeit lebt, die ihm wirklich gehört, in der Gegenwart. Sondern daß er statt dessen versucht, die Zukunft gedanklich vorwegzunehmen, oder aber, das Vergangene zurückzuholen. Er schreibt:

„Niemals ist die Gegenwart Ziel, Vergangenheit und Gegenwart sind Mittel, die Zukunft allein ist unser Ziel. So leben wir nie, sondern hoffen nur, zu leben, uns so ist es unvermeidlich, daß wir in der Bereitschaft, glücklich zu sein, es niemals sind.“

---

[12] Pascal, Blaise: „Gedanken – Eine Auswahl", Philipp Reclam jun., Stuttgart, 1991, S. 96ff

[13] Siehe auch: Beguin, Albert: „Pascal", Rowohlt Taschenbuch Verlag, Hamburg, 12. Aufl., 1992, S. 10f

[14] Pascal, a.a.O.: 53f

In diesem Fragment wird zwar die Langeweile nicht ausdrücklich genannt, aber ein wichtiger Aspekt des Langeweile-Motivs wird hier angesprochen: Alles Denken richtet sich auf die Zukunft als Ziel, die Vergangenheit, aber vor allem die Gegenwart verlieren an Bedeutung. Weil aber der Mensch nicht in der Lage ist, die Zeit zu beschleunigen und die Zukunft tatsächlich schneller heranzuholen, kann diese Situation sehr frustrierend sein. Diese aus dem Unlust-Gefühl resultierende Frustration ist sehr wichtig.

Wie versucht nun der Mensch, der Gegenwart zu entkommen? Auf diese Frage antwortet Pascal in seinem Fragment Nr. 75[15]. *„Die Menschen beschäftigen sich damit, hinter einem Ball oder einem Hasen herzujagen; das ist sogar das Vergnügen der Könige."*

Das Motiv der Hasenjagd taucht bei Pascal immer wieder auf. Dies ist zum einen ein Synonym für die Zerstreuungen der höfischen Gesellschaft[16], wobei er aber nicht ausschließlich Kritik am Adel übt. Vielmehr ist Pascal der Ansicht, daß alle Stände dieses Verhalten an den Tag legen. Der Hase selbst ist nicht wichtig, wichtig ist die Jagd. Zu dieser Problematik schreibt er im Fragment Nr. 86[17]:

„(...)Dieser Hase könnte uns nicht davor schützen, den Tod und das Elend zu schauen; die Jagd aber, die uns davon ablenkt, schützt uns davor.(...)"

Dies ist aber nur ein etwas pathetischer Verweis auf sein Fragment Nr. 84[18]:

„Langeweile. Nichts ist dem Menschen unerträglicher als völlige Untätigkeit, als ohne Leidenschaften, ohne Geschäfte, ohne Zerstreuungen, ohne Aufgabe zu sein. Dann spürt er seine Nichtigkeit,

---

[15] Pascal, a.a.O.: S. 55
[16] Siehe auch Völker, a.a.O.: S. 38
[17] Pascal, a.a.O.: S. 60
[18] Pascal, a.a.O.: S. 57

*seine Verlassenheit, sein Ungenügen, seine Abhängigkeit, seine Un-
macht, seine Leere. Allsogleich wird dem Grund seiner Seele die
Langeweile entsteigen und die Düsternis, die Trauer, der Kummer,
der Verdruß, die Verzweiflung. "*

Hier verstehe ich Pascal so, daß für ihn die Langeweile ein negati-
ves Gefühl ist. Für ihn ist Langeweile also nicht etwa entweder positiv oder negativ. Für ihn gibt es keine angenehme Form der Langeweile.

Die Langeweile ist für ihn eine schmerzhafte Folge der Leere, die
der Mensch empfindet, wenn er auf sich selbst zurückgeworfen
wird. Dieser Leere versucht er, mit allen möglichen „Zerstreuungen"
zu entkommen.

Pascal nennt hier keine Form der angenehmen Langeweile. Und
doch gibt es Menschen, die heute von sich sagen, daß sie sich gerne
langweilen. Wie ist dieser scheinbare Widerspruch zu erklären? Es
ist ja wohl kaum anzunehmen, daß diese Menschen alle masochisti-
sche Neigungen haben und deshalb ein unangenehmes, ja quälendes
Gefühl genießen.

Wenig wahrscheinlich ist hier auch, daß sich der Langeweile-Begriff
so grundsätzlich geändert hat. Wieso sagen also Menschen von sich,
daß sie sich gerne langweilen? Offensichtlich ist es so, daß diese
Menschen die Langeweile mit der „Zerstreuung" verwechseln. Denn
offensichtlich wird ja diese „Zerstreuung" durchaus als angenehm
empfunden. Und Pascal zählt ja auch Dinge wie „ein Buch lesen"
und Ähnliches zu den Ablenkungsmanövern hinzu.

Der Mensch kann alle möglichen Dinge tun, um der Langeweile zu
entkommen. Und diese Dinge können ja auch durchaus angenehm
und nützlich sein.

Aber wie schreibt Ludwig Völker[19]?

„(...) Den Übergang zu dieser neuen Form von Langeweile markie-
ren Wendungen wie meine,deine,seine Langeweile, in denen sich
ausspricht, daß das Entstehen von Langeweile mehr von den subjek-
tiven Bedingungen der Individualität als von äußeren Umständen
abhängt. Diese Langeweile ist dann nicht mehr eine vorübergehende
Verstimmung des Gefühlslebens, sondern ein chronisches Leiden.
Man empfindet sie immer, überall, aller Orten, bei allem, wohin
man auch geht. Sie ist total: Ihr Anlaß geht nicht von einzelnen Le-
bensumständen aus, sondern das Leben als ganzes, alles erregt Lan-
geweile. Diese Langeweile des Daseins, des Lebens zieht sich über
Jahre hin und erstreckt sich (...) auf die ganze Natur, ja auf das
Universum. "

Nach Völker taucht dieses Langeweilemotiv zwar erst ich der
deutschsprachigen Literatur des 19. Jahrhundert auf[20], aber vielleicht hat ja auch Pascal schon die Unterscheidung zwischen indivi-
duellen, langeweileerregenden Umständen und der Langeweile des
Lebens gemacht? Völker unterscheidet also zwischen zwei verschiedenen Arten der Langeweile: Einmal gibt es die Langeweile, die von
äußeren Umständen abhängt und einmal die, die von subjektiven
Bedingungen der Individualität abhängt. Letztere hat dann zur Folge, daß die Langeweile chronisch wird.

Da die Sprache von Blaise Pascal symbolisch und voller Bilder ist,
ist eine Suche nach der von Völker beschriebenen „chronischen"
Langeweile nicht ganz einfach. Denn er beschreibt ja die Natur des
Menschen so, als ob er ständig versucht, langweilige Situationen zu
vermeiden.

---

[19] Völker, a.a.O.: S. 191ff
[20] Völker, a.a.O.: S. 193

Völker zitiert auf Seite 193 aus einem Brief, den Gustave Flaubert 1844 an einen Freund schrieb:

„Kennen sie die Langeweile? Nicht die gewöhnliche, banale Lange-
weile, die vom Müßiggang oder von der Krankheit kommt, sondern
diese moderne Langeweile, die den Menschen in seinen Eingeweiden
zerfrißt und aus einem verständigen Wesen einen wandernden
Schatten macht, ein denkendes Phantom?"

Völker versucht, diese Form der Langeweile, die etwa ab 1830 in der Literatur auftauchte, zu deuten. Er interpretiert sie entweder als Ausdruck eines Lebens ohne Gott oder als Zeichen eines zu gesellschaftspolitischer Passivität und Wirkungslosigkeit verurteilten Dasein[21].

Nun hat sich Pascal ja, wie oben bereits erwähnt, in der frühen Phase seines Schaffens nicht mit religiösen Fragen beschäftigt. Aber beispielsweise im Fragment Nr. 88[22] schreibt er:

„Gedanken. In omnibus requiem quaesivi. Wäre unsere Lage wirk-
lich glücklich, brauchten wir, um glücklich zu sein, uns nicht zu zer-
streuen, um nicht an sie zu denken."

Hier muß angemerkt werden, daß es sich bei dem lateinischen Satz um ein Bibelzitat handelt, und zwar um Jesus Sirach 24,11:

„Bei diesen allen habe ich Wohnung gesucht."

Dieses und die folgenden Fragmente lassen sich durchaus in ähnlicher Weise deuten: Das Bibelzitat kann als Hinweis auf die „Zerstreuungen" gedeutet werden. Dies würde bedeuten, daß Pascal zu der Überzeugung gekommen ist, daß die Lage des Menschen unglücklich ist und er deshalb versucht, sich abzulenken. Die Frage stellt sich hier, warum Pascal auf ein Bibelzitat zurückgreift? Es ist

---

[21] Völker, a.a.O.: S. 194
[22] Pascal, a.a.O.: S. 64

möglich, daß er diese Bibelstelle als Mandra benutzt und längere Zeit darüber meditiert hat. Und dabei ist er dann wohl zu dem Schluß gekommen, daß seine bisherigen, in den vorhergehenden Fragmenten beschriebenen Auswirkungen der Langweile unvollständig waren. Und daß die Folge, die er in Fragment 83[23] begonnen hat, noch fortgesetzt werden muß.

„Seinslage des Menschen: Unbeständigkeit, Langeweile, Unruhe.“

Denn die verschiedenen Formen der Unruhe bieten dem Menschen keine Wohnung (Fragment 88). Die Unruhe kann nicht dauerhaft den Blick auf die Seinslage des Menschen verstellen. In Fragment 89 schreibt Pascal[24]:

„Zerstreuung: Da die Menschen unfähig waren, Tod, Elend, Unwissenheit zu überwinden, sind sie, um glücklich zu sein, übereingekommen, nicht daran zu denken.“

Diese Formulierung erinnert stark an Heideggers uneigentliches Sein zum Tode[25].

Die Frage bleibt allerdings, ob Pascal hier tatsächlich von einem evolutionären Prozeß ausgeht, oder ob er die grammatischen Zeiten aus Gründen der dichterischen Freiheit so gewählt hat. Er schreibt nämlich nicht etwa *„Da die Menschen unfähig sind...sind sie übereingekommen...“* sondern *„Da die Menschen unfähig waren...sind sie übereingekommen...“*.

Ich denke aber, daß dieser Zeitenwechsel innerhalb des Fragments zu vernachlässigen ist. Denn Pascal beschäftigt sich in diesen Frag-

---

[23] Pascal, a.a.O.: S. 57

[24] Pascal, a.a.O.: S. 64

[25] Siehe auch: Heidegger, Martin: „Sein und Zeit“, Max Niemeyer Verlag, Tübingen, 17. Aufl., 1993, S. 252f

menten nie mit dem Verhalten der Menschen früherer Epochen. Das Fragment Nr. 90[26] ist auch sprachlich interessant:

„Ganz natürlich ist der Mensch Dachdecker oder was ihn beschäftigt, nur nicht im Zimmer, allein."

Der Beruf des Dachdeckers ist hier offensichtlich nur ein Synonym für alle Arten von „Ablenkungen", mit denen sich der Mensch die Langeweile zu vertreiben sucht. Aber interessant ist hier die Formulierung *„...nur nicht im Zimmer, allein."*.

Denn eleganter wäre sicherlich die Formulierung *„...nur nicht allein im Zimmer."* Es ist aber möglich daß dieser Ausdruck zu schwach gewesen ist für das, was Pascal ausdrücken wollte.

Denn natürlich ist es so, daß sich der Mensch ständig eine Rolle oder Aufgabe sucht, um der quälenden Leere zu entgehen (Fragment 84). Aber diese Rollen erfüllen nur ihren Zweck, wenn es entweder Publikum oder Mitspieler gibt.

Aber *„allein im Zimmer"* wird der Mensch auf sich selbst zurückgeworfen und die Rollen, die er außerhalb seines Zimmers spielt, werden absurd, sollte er versuchen, sie weiter zu spielen.

Jean-Paul Sartre schildert dasselbe Phänomen im Kapitel *„Die Unwahrhaftigen Verhaltensweisen"* seines Buches *„Das Sein und das Nichts"*[27]:

„...er spielt, Kaffeehauskellner zu sein. Darin liegt nicht Überraschendes: das Spiel ist eine Weise des Sichzurechtfindens und des Nachforschens.(...) Das ist für ihn ebenso notwendig wie für jeden Kaufmann: ihre Stellung ist ganz Zeremonie, und das Publikum verlangt von ihnen, daß sie sie wie eine Zeremonie realisieren."

---

[26] Pascal, a.a.O.: S. 64

[27] Sartre, Jean-Paul: „Das Sein und das Nichts – Versuch einer onthologischen Phänomenologie", Rowohlt Verlag, Hamburg, 1. Aufl. 1952, S. 128ff

Aber während Sartre hier das Verhältnis des Spielers zu seiner Rolle und zum Publikum beleuchtet, bleiben diese Aspekte bei Pascal im Dunkeln. Ihm geht es darum, daß auf jeden Menschen die Langeweile lauert, wenn er alleine ist und seine öffentliche Rolle nicht mehr spielen kann.

Die Frage, warum Pascal sich ausgerechnet den Dachdecker als Symbolfigur ausgesucht hat, muß hier leider unbeantwortet bleiben.

Sartres Kaffeehauskellner oder der Kolonialwarenverkäufer waren ja sicher häufig anzutreffende Personen des öffentlichen Lebens. Aber ich kann mir nicht vorstellen, daß Dachdecker im Leben von Pascal eine ähnliche Rolle gespielt haben.

Im Fragment Nr. 91[28] schreibt Pascal, daß der Mensch nicht in der Lage ist, wirklich glücklich zu sein. Denn um das zu sein, müßte er unsterblich sein. Man kann dieses Fragment dahingehend interpretieren, daß Pascal hier Heideggers eigentliches Sein zum Tode[29] vorwegnimmt. Die Lösung, die die Menschen für das Problem der Sterblichkeit gefunden haben, lautet: Nicht daran denken.

Im Fragment Nr. 92 knüpft Pascal[30] an diesen Gedanken an: *„Die Sorgen haben all das bewirkt; als man das erkannte, wählte man die Zerstreuung."*

Dieser Satz erscheint mir schwer verständlich, aber ich interpretiere ihn folgendermaßen:

„Das Leben der Menschen ist sorgenvoll, und er tut alles, um sich abzulenken, um nicht daran zu denken. Deshalb wählt er die Zerstreuung."

---

[28] Pascal, a.a.O.: S. 64
[29] Siehe auch: Heidegger, „Sein und Zeit", S. 252
[30] Pascal, a.a.O.: S. 64

Zu dieser Interpretation passen auch die Fragmente Nr. 95 und 96, die das Kapitel „*Über die Zertreuung*" abschließen:

„*Sorgenvoll eilen wir in den Abgrund, nachdem wir etwas vor uns aufgebaut, was uns hindert, ihn zu sehen.*"

„*Im letzten Akt, wie schön auch immer das Schauspiel war, fließt Blut: am Ende wirft man die Erde auf den Schädel und damit für immer.*"

Fragment Nr. 95 schildert eindringlich das uneigentliche Sein zum Tode[31].

Der „Abgrund" aus Fragment Nr. 95 ist sicherlich der je meinige Tod. Aber weil dieser Tod uns Angst macht, lenken wir uns mit Zerstreuungen ab. Diese haben wir sozusagen zwischen uns und den Tod gestellt, damit wir nicht an ihn denken müssen. Der Tod ist sicher, aber wir nähern uns ihm, ohne über ihn nachdenken zu müssen. Aber da der Mensch mit der Leere (Fragment Nr. 84) genau so umgeht wie mit dem Tod, lassen sich aus Fragment Nr. 95 analoge Schlüsse ziehen. Viele Dinge, die zur menschlichen Existenz gehören, bereiten dem Menschen Sorge. Um diesen zu entgehen, baut er zwischen sich und diesen Dingen eine Mauer aus Zerstreuung auf.

Im Fragment Nr. 86 schreibt Pascal, daß wir uns zerstreuen können, so viel wir wollen. Am Ende werden wir tot sein, „*und das für immer*". Hier endet das Kapitel „Von der Zerstreuung".

Interessant ist aber auch das Fragment Nr. 147 aus dem Kapitel Größe und Niedrigkeit des Menschen:

„*Andauernde Rede langweilt Fürsten ... belustigen sich mitunter, sie sitzen nicht ständig auf ihren Thronen, dort langweilen sie sich; Man muß die Größe mitunter aufgeben, damit man sie empfindet, ununterbrochenes Gleichmaß macht alles widerwärtig...*"

---

[31] Heidegger: „Sein und Zeit", S. 252

Ist das nicht ein Widerspruch zu Fragment Nr. 84? Dort sagt Pascal ja doch, daß der Mensch Untätigkeit nicht ertragen könne und sich deshalb eine Aufgabe suchen würde, um der Langeweile so zu entgehen.

Die Adligen aus Fragment Nr. 147 haben eine Aufgabe, langweilen sich aber dennoch, weil diese Aufgabe zu eintönig ist. In diesem Fragment fährt Pascal weiter fort:

Kälte ist angenehm, um sich zu erwärmen. Die Natur wirkt schrittweise, itus et reditus. Sie vergeht und kehrt wieder, jetzt weiter, dann zweimal weniger, dann mehr als je usf. Die Gezeiten des Meeres sind so, selbst der Lauf der Sonne scheint so. "

Hier bricht das Fragment ab. Warum setzt er den Gedanken nicht fort? Vielleicht weil seine Beispiele falsch gewählt waren. Denn der Lauf der Sonne und die Gezeiten sind sehr monotone, stetig wiederkehrend Angelegenheiten. Und eben solche Angelegenheiten langweilen die Menschen und bringen sie dazu, sich zu zerstreuen.

Das ist ein Grund, weshalb Fürsten auf Kaninchenjagd gehen: Sie wollen für eine gewissen Zeit nicht auf dem Thron sitzen. Sie wollen für eine gewisse Zeit an einer Jagdgesellschaft teilnehmen, um Abstand zu gewinnen von ihrem Fürst-Sein.

Natürlich ist in diesem Zusammenhang die Kaninchenjagd auch keine Lösung: Wenn alle oder auch nur viele Fürsten regelmäßig auf die Jagd gehen, um sich vom Fürst-Sein abzulenken, dann wird die Jagd selbst zum Teil des Fürst-Seins. Sie wird also selbst Teil des Sinnzusammenhangs, von dem der Fürst sich distanzieren will. Deshalb muß er in der Monotonie seines durch höfische Regeln strukturierten Alltags immer wieder neu geartete Spielereien und Zerstreuungen suchen.

Aus diesem Grund ist eine Gefängnisstrafe auch eine fruchtbare Strafe[32]. So schreibt Pascal im Fragment Nr. 86:

„Das ist der Grund, daß die Menschen so sehr den Lärm und den Umtrieb schätzen der Grund, daß das Gefängnis eine so furchtbare Strafe ist, der Grund, daß das Vergnügen der Einsamkeit unvorstellbar ist..."

Der Strafgefangene empfindet seine Situation als unerträglich, weil er in der Haft keine Zerstreuung findet. Er ist dazu gezwungen, über sich selbst und vor allen Dingen über seine Tat nachzudenken. Dies ist ein oft schmerzvoller Prozess.

3.2.   Kant – Wichtig ist die Abwechslung

Kant schreibt im zweiten Buch des ersten Teils seiner *„Anthropologie in pragmatischer Hinsicht"* auch von der *„langen Weile und der Kurzweil."*[33]

Der Begriff *„lange Weile"* wird um 1800 ebenso verwendet wie das Wort Langeweile.[34] Die lange Weile bezeichnete in der Zeit des dreissigjährigen Krieges einfach eine lange Zeit.[35] Diese Bedeutung hat sich langsam gewandelt und um 1800 bezeichnet beides, Langeweile und lange Weile ein Unlustgefühl.

Unter der Überschrift *„Von der sinnlichen Lust"* schreibt Kant im §60:

„Man kann diese Gefühle auch durch die Wirkung erklären, die die Empfindung unseres Zustandes auf das Gemüth macht: Was unmittelbar (durch den Sinn) mich antreibt, meinen Zustand zu verlassen,

---

[32] Pascal, a.a.O.: S. 59
[33] Kant, Immanuel: „Kants Werke – Akademie Textausgabe", Walter de Gruyter, 1968, S. 233
[34] Völker, a.a.O.: S. 182
[35] Völker, a.a.O.: S 44

*(aus ihm herauszugehen): Ist mir unangenehm – es schmerzt mich;
was eben so mich antreibt, ihn zu erhalten (in ihm zu bleiben): ist
mir angenehm, es vergnügt mich. Wir sind aber unaufhaltsam im
Strome der Zeit und dem damit verbundenen Wechsel der Empfindungen fortgeführt."*[36]

Weiter stellt Kant fest, daß das Bewußtsein das Verlassen des ge-
genwärtigen Zustands als angenehm empfindet. So wäre Vergnügen
dann nichts Anderes als die Aufhebung eines Schmerzes. Und ununterbrochenes Vergnügen wäre auch nicht möglich, denn es muß
immer wieder von Schmerz unterbrochen werden. Denn am Anfang
steht der Schmerz. Und weiter wörtlich:

*„Der Schmerz ist der Stachel der Thätigkeit, und in dieser fühlen
wir allererst unser Leben; ohne diesen würde Leblosigkeit eintre-
ten."*[37]

Im übrigen ist Kant der Ansicht, daß Schmerz, der nur langsam vergeht, kein lebhaftes Vergnügen zur Folge hat, weil der Übergang
unmerklich sei.[38]

Als Beispiel für die Vorliebe der Menschen für die Abwechslung bei
den Gemütszuständen nennt Kant unter anderem das Spiel: Er
schreibt, daß das Glücksspiel deshalb so anziehend sei, weil der
Spieler ständig zwischen Hoffen und Bangen hin- und hergerissen
wird.

Ähnliche Funktionen habe auch das Schauspiel, egal ob Komödie
oder Tragödie, und der Liebesroman. Hier kann der Zuschauer mit
den Akteuren hoffen und bangen.

Außerdem ist für Kant die Arbeit *„der beste Weg, sein Leben zu ge-
niessen. Weil sie beschwerliche ... Beschäftigung ist und die Ruhe*

---

[36] Kant, a.a.O: S. 231
[37] Kant, a.a.O: S. 232
[38] Kant, a.a.O: S. 232

durch die lange Beschwerde zur fühlbaren Lust, zum Frohsein wird; da sie sonst nichts Geniesbares sein würde. "[39]

Und auch der Genuß von Tabak wird nur deshalb als angenehm empfunden, weil der Tabak zunächst ein unangenehmes Gefühl hervorruft, das der Körper durch Absonderungen der Schleimhäute zu neutralisieren sucht.[40]

Hier wäre es sicherlich ein Hermeneutischer Fehler, wenn man Kant vorwerfen würde, daß er nichts über die suchterzeugenden Wirkungen des Nikotins schreibt. Für ihn war der Tabak ein gesellschaftlich anerkanntes Genußmittel, über dessen Wirkungsweise nur wenig bekannt war. Und aus seiner Perspektive hat er sicherlich recht.

Und zu guter Letzt kommt er auch zu einem negativen Gefühl. Und dieser Abschnitt, der den Abschluß des §60 bildet, ist aus verschiedenen Gründen hochinteressant:

„Wen endlich auch kein positiver Schmerz zur Thätigkeit anreizt, den wird allenfalls ein negativer, die lange Weile, als Leere an Empfindung, die der an den Wechsel derselben gewöhnte Mensch in sich wahrnimmt, indem er den Lebenstrieb doch womit auszufüllen bestrebt ist, oft dermassen affiziren, daß er eher etwas zu seinem Schaden, als gar nichts zu thun sich angetrieben fühlt."[41]

Was Kant hier schreibt, fällt nach der Typologie von Erich Fromm eindeutig unter den Typ 2:

„Menschen, die ständig das Bedürfnis haben, 'seichte' Reize zu wechseln, sind chronisch gelangweilt: aber da sie ihre Langeweile zu kompensieren verstehen, kommt sie ihnen nicht zu Bewußtsein."[42]

---

[39] Kant, a.a.O: S. 232

[40] Kant, a.a.O: S. 232

[41] Kant, a.a.O: S. 232f

[42] Fromm, Erich: „Anatomie der menschlichen Destruktivität", Rowohlt Taschenbuch Verlag, Reinbek bei Hamburg, Februar 1977, S. 237

Der Mensch, den Fromm hier beschreibt, ist darauf angewiesen, ständig „seichte", also nicht aktivierende Reize zu wechseln, um sich nicht zu langweilen. Bleibt dieser Wechsel aus, nimmt er seine innere Langeweile wahr. Wenn nun nicht ein von dieser Person unabhängiger Reiz von außen eintritt, dann schafft sie sich diesen Reiz notgedrungen selbst.

Unstimmig ist bei Kant nur sein „Lebenstrieb", denn dieser Lebenstrieb kann den Menschen auch dazu bringen, sich selbst zu schaden. Fromm kommt ohne diesen „Lebenstrieb" aus.

Die Argumentation, daß Kant noch nicht gewußt haben kann, wie selbstzerstörerisch diese Form der Langeweile sein kann, ist leicht zu widerlegen. Aus dem Jahre 1776 stammt dieser weiter unten auch von Kant kolportierte Text:

„*Euch ermorden aus langer Weile wie der Engländer, der sich vor den Kopf schoß weil er nichts neues in der Zeitung fand...*"[43].

Kant waren die später auch von Fromm geschilderten autoaggressiven Auswirkungen der Langeweile also bekannt.

Und nach der Definition von Kant wäre es ja dieser „Lebenstrieb" gewesen, der dem gelangweilten Engländer den Tod gebracht hätte.

Die §§61-66 stehen nun unter der *Überschrift „Von der langen Weile und der Kurzweil"*.

Aus den im §60 angegebenen Gründen „*erklärt sich die drückende, ja ängstliche Beschwerlichkeit der langen Weile für alle, welche auf ihr Leben und auf die Zeit aufmerksam sind (cultivierte Menschen).*"[44]

---

[43] Völker, a.a.O.: S. 182

[44] Kant, a.a.O.: S. 233

An dieser Stelle folgt in Kants Text eine Fußnote, in der der Autor Beispiele für Menschen, die seiner Meinung nach nicht *„auf ihr Leben und die Zeit aufmerksam sind"*.

Hier nennt er zum Beispiel den Karaiben, der über eine Art angeborene Leblosigkeit besitzt und deshalb stundenlang angeln kann, ohne einen Fisch zu fangen. Dieser Fischer langweilt sich nicht.

Auch Menschen, die lesen, um sich zu unterhalten und nicht, um sich zu bilden, sind nicht kultiviert. *„Die Köpfe bleiben leer"*, deshalb ist keine Veränderung festzustellen.

Kant ist selbst kein Bewohner der Karibik und hat die Karibik auch nie besucht. Es scheint so, als sei ihm das Leben der Menschen dort fremd geblieben, sonst würde er wahrscheinlich anders schreiben.

Klar ist auch, daß er sich zu den kultivierten Leuten zählt, die lesen, um sich zu bilden. Daß es aber sein könnte, daß jemand mal ein Buch liest, um sich zu bilden, und mal, um sich zu unterhalten, und sich auf diese Art Abwechslung verschafft, das scheint in Königsberg zumindest nicht üblich gewesen zu sein. Kultivierte Menschen haben sich gebildet und die anderen haben sich unterhalten.

Doch weiter:

In dem nun folgenden Abschnitt kolportiert Kant die oben bereits genannte Episode von dem Engländer:

„Die Engländer erhenken sich, um sich die Zeit zu passieren."

Die Wandersage hat sich also verändert. Es ist nicht mehr der Engländer, der sich entleibt hat, weil nichts Neues in der Zeitung stand, nein, um 1800 erhängen sich die Engländer, um sich die Zeit zu vertreiben. Kant schreibt hierzu:

„Die in sich wahrgenommene Leere an Empfindungen erregt ein Grauen (horror vacui) und gleichsam das Vorgefühl eines langsa-

men Todes, der für peinlicher gehalten wird, als wenn das Schicksal den Lebensfaden schnell abreißt."[45]

Im Anschluß daran fragt Kant, warum *„Zeitverkürzungen mit Vergnügen für einerlei genommen werden.*"

Er fragt sich hier, wieso die Menschen es als angenehm empfinden, wenn sie für eine bestimmte Zeit gut unterhalten und von der vergehenden Zeit abgelenkt worden sind. Denn:

„Da im Gegenteil, wenn die Aufmerksamkeit auf die Zeit nicht Aufmerksamkeit auf einen Schmerz, über den wir wegzusein uns bestreben, sondern auf ein Vergnügen wäre, man wie billig jeden Verlust der Zeit bedauern würde."[46]

Wenn der Mensch sich die Zeit verkürzen kann, wenn er also Zerstreuung findet, dann empfindet er das als angenehm.

Im nächsten Abschnitt diskutiert Kant die Frage, warum Menschen, die sich ihr Leben lang gelangweilt haben, am Ende des Lebens darüber klagen, daß jeder Tag so kurz sei.[47]

Ich will diese Frage nicht weiter behandeln, denn meiner Meinung nach stellt sie sich so in der modernen Sozialarbeit nicht mehr. Heute scheint es vielmehr so zu sein, daß gerade alte Menschen oft über das tägliche Einerlei und die Langeweile klagen.

Die Diskrepanz zwischen beiden Aussagen läßt sich aber vielleicht durch die gesteigerte Lebenserwartung erklären. Denn zu Zeiten Kants galt ein Mensch von Fünfzig bereits als alt. Heute steht er in diesem Alter in der Blüte seiner Jahre. Und die Menschen jenseits der Siebzig spielten von der Anzahl her zu Zeiten Kants noch nicht die Rolle wie heute.

---

[45] Kant, a.a.O.: S. 233
[46] Kant, a.a.O.: S. 234
[47] Kant, a.a.O.: S. 234

Nach Kant[48] ist für den Menschen während des Lebens ein Zustand der Zufriedenheit nicht zu erreichen, *„weder in moralischer (mit sich selbst im Wohlverhalten zufrieden sein) noch in pragmatischer Hinsicht (mit seinem Wohlbefinden, was er sich durch Geschicklichkeit und Klugheit zu verschaffen denkt)."* Denn diese Zufriedenheit wäre nur in einem Zustand der Ruhe denkbar, und der ist nicht zu erreichen.

„Im Leben (absolut) zufrieden zu sein, wäre thatlose Ruhe und Stillstand der Triebfedern, oder Abstumpfung der Empfindungen und der damit verknüpften Thätigkeit."[49]

Nach Kant wäre aber ein solcher Stillstand nicht mit dem Wesen des Menschen vereinbar.

3.3.   Friedrich Nietzsche: „Richard Wagner in Bayreuth" oder Wahre Kunst vertreibt die Langeweile

Friedrich Nietzsche schreibt gleich zu Beginn seines Vierten Stükkes der Unzeitgemäßen Betrachtungen über die Kunst Richard Wagners[50]:

„Damit ein Ereignis Größe habe, muß zweierlei zusammenkommen: der große Sinn derer, die es vollbringen, und der große Sinn derer, die es erleben."

Dazu muß gesagt werden, daß es Nietzsche hier um künstlerische Ereignisse geht. Deshalb spielt der Kunstschaffende hier auch eine Rolle und deshalb ist die Aussage Nietzsches auch kein Widerspruch zu der These, daß jeder Reiz ein aktivierender Reiz sein kann. Denn in der Kunst geht es ja auch um das gekonnte Umsetzen einer Idee.

---

[48]   Kant, a.a.O.: S. 234ff

[49]   Kant, a.a.O.: S. 235

[50]   Schlächta, Karl: „Friedrich Nietzsche – Werke in drei Bänden – Erster Band", Carl Hanser Verlag, 9. Aufl., München, 1982, S. 267

Deshalb kann in diesem Fall gesagt werden, daß auch „*der große Sinn, derer, die es vollbringen*" eine wichtige Rolle spielt. Und für Nietzsche ist Wagner ein großer Könner. Aber vom zeitgenössischen Theater hat Nietzsche keine hohe Meinung[51]:

„*Schon um zu begreifen…inwiefern unsere Theater für die, welche sie bauen, und besuchen, eine Schmach sind, muß man völlig umlernen…Seltsame Trübungen des Urteils, schlecht verhehlte Sucht nach Ergötzlichkeit, nach Unterhaltung um jeden Preis, gelehrtenhafte Rücksichten, Wichtigtun und Schauspielerei mit dem Ernst der Kunst von seiten der Ausführenden, brutale Gier nach Geldgewinn von Seiten der Unternehmenden, Hohlheit und Gedankenlosigkeit einer Gesellschaft…*"*

Interessant ist hier die Beschreibung des Publikums:

„*…schlecht verhehlte Sucht nach Ergötzlichkeit…*" und „*…Unterhaltung um jeden Preis…*", das sind die Dinge, die das Publikum im Theater sucht.

Außerdem ist hier noch anzumerken, daß eine kulturelle Veranstaltung ja auch ein gesellschaftliches Ereignis war und ist. Die Menschen besuchen zum Beispiel eine Vorstellung, um gesehen zu werden. Die Darbietung interessiert sie oft nicht, und deshalb breitet sich in den Rängen häufig eine gepflegte Langeweile aus.

Jedenfalls hat der moderne Kulturbetrieb in weiten Teilen seine Hauptfunktion, nämlich aktivierende Reize zu vermitteln[52], verloren. Zur Situation des modernen Menschen zitiert Nietzsche Wagner[53]:

„*Als Erscheinung für das Auge genommen und verglichen mit den früheren Erscheinungen des Lebens, zeigt aber die Existenz des neueren Menschen eine unsägliche Armut und Erschöpfung, trotz*

---

[51] Schlechta, a.a.O.: S. 281f
[52] Fromm: „Anatomie der menschlichen Destruktivität", S. 269
[53] Schlechta, a.a.O.: S. 389

der unsäglichen Buntheit, durch welche nur der oberflächliche Blick sich beglückt fühlen kann."

Wagner und Nietzsche sind also der Meinung, daß der moderne Mensch unter einer optischen Reizüberflutung leidet. Die Buntheit des Alltags führt zu einer unsäglichen Armut und zu einer Erschöpfung allen Reizen gegenüber. Diese Buntheit bringt aber nur einfache Reize mit sich. Aber die Erschöpfung gilt dann auch für aktivierende Reize. Der Mensch lernt so, nur noch einfache Reize wahrzunehmen.

Für die moderne Sozialarbeit ist dieser Zusammenhang nicht unwesentlich. Die Klienten sind gewöhnt, von einer Vielzahl nicht nur optischer Reize überflutet zu werden. Heute führt schon allein die Abwesenheit dieser Reize zur Langeweile.

Außerdem führt diese Gewöhnung an professionelle Unterhaltung, etwa durch das Fernsehen, zu einer Konsumentenhaltung bei den Klienten.

Nietzsche schreibt zu diesem Problem auch Folgendes[54]:

„Die Erscheinung des modernen Menschen ist ganz und gar Schein geworden...überall, wo man jetzt 'Form' verlangt, in der Gesellschaft und der Unterhaltung, im schriftstellerischen Ausdruck, im Verkehr der Staaten miteinander, versteht man darunter unwillkürlich einen gefälligen Anschein, den Gegensatz des wahren Begriffs von Form als von einer notwendigen Gestaltung, die mit 'gefällig' und 'ungefällig' nichts zu tun hat, weil sie eben notwendig und nicht beliebig ist."

Wie verhält sich nun der moderne Mensch, für den die Kunst kein aktivierender sondern nur ein einfacher Reiz ist?

---

[54] Schlechta, a.a.O.: S. 389

„*Da ist kein Hunger und kein Sattwerden, sondern immer nur ein mattes Spiel mit dem Anscheine von beidem, zur eitelsten Schaustellung ausgedacht, um das Urteil anderer über sich irrezuführen; ...* "[55].

Erich Fromm, der ja als Beispiel für einen aktivierenden Stimulus ja auch „*einen Roman, ein Gedicht...(und) ein Musikstück*" nennt[56], beschreibt in seiner Typologie[57] den chronisch gelangweilten Menschen folgendermaßen:

„*Menschen, die ständig das Bedürfnis haben, seichte Reize zu konsumieren...; aber da sie ihre Langeweile zu kompensieren verstehen, kommt sie ihnen nicht zu Bewußtsein.* "

Es scheint einleuchtend zu sein, daß diese chronisch Gelangweilten künstlerische Darbietungen dazu nutzen, sich von ihrer Langeweile abzulenken. Sie sind aber nicht in der Lage, sich durch diese Reize aktivieren zu lassen. Und weil diese chronisch Gelangweilten ja für die seichten Reize zahlen, hat sich der Kunstmarkt auf dieses Klientel eingestellt[58]:

„*...der Künstler dagegen von ganz modernem Schlag kommt in voller Verachtung gegen das traumselige Tasten und Reden seines edleren Genossen daher und führt die ganze kläffende Meute zusammengekoppelter Leidenschaften und Scheußlichkeiten am Strick mit sich, um sie nach Verlangen auf die modernen Menschen loszulassen: diese wollen ja lieber gejagt, verwundet und zerrissen werden, als mit sich selber in der Stille beisammenwohnen zu müssen. Mit sich selber! –dieser Gedanke schüttelt die modernen Seelen, das ist ihre Angst und Gespensterfurcht.* "

---

[55] ebd. S. 292
[56] Fromm: „Anatomie der menschlichen Destruktivität", S. 270
[57] ebd. S. 273
[58] Schlechta, a.a.O.: S. 292f

Der moderne Künstler verschafft also seinem Publikum Zerstreuung und Ablenkung, damit die einzelnen Menschen ihre Langeweile nicht spüren. Das erinnert an das Fragment Nr. 75 von Blaise Pascal[59].

Für Nietzsche ist jedoch die Musik von Richard Wagner ein aktivierender Reiz[60]:

„Seine Kunst...ist das herrlichste Schauspiel, so leidvoll auch jenes Werden gewesen sein mag, denn Vernunft, Gesetz, Zweck zeigt sich überall. "

Und diese aktivierenden Reize zeigen ihre Wirkung auch bei denen, die sich ansonsten mit einfachen Reizen zufriedengeben. Diese chronisch Gelangweilten reagieren aber anders auf Wagners Musik als Menschen, die durch die Reizüberflutung noch nicht abgestumpft sind[61]:

„Das Gespött und Widersprechen der umgebenden Welt sind ihr Reiz und Stachel; verirrt sie sich, so kommt sie mit der wunderbarsten Beute aus Irrnis und Verlorenheit heim; ... "

Die wahre Kunst führt bei chronisch Gelangweilten zu Widerspruch und Verwirrung.

Und vielleicht ist es ja möglich, durch die Wiederholung dieses Effekts die gelangweilten Menschen zum Nachdenken zu bewegen. Dann wäre es eventuell möglich, aus chronisch gelangweilten Menschen nachdenkende Interessierte zu machen. Da würde bedeuten, daß Menschen von der zweiten Art der Frommschen Typologie nicht automatisch in dieser zweiten Kategorie bleiben müssen, sondern

---

[59] Pascal, a.a.O., S. 55
[60] Schlechta, a.a.O., S. 396
[61] ebd. S. 396

daß es möglich ist, innerhalb der Kategorien zu wechseln. Aber wie ist es Wagner ergangen[62]?

„Wagner versuchte, dem Verständnis ... nachzuhelfen: neue Verwirrung, neues Gesumme – ein Musiker, der schreibt und denkt, war aller Welt damals ein Unding; nun schrie man, es ist ein Theoretiker, welcher aus erklügelten Begriffen die Kunst umgestalten will, steinigt ihn!"

Die Menschen verstanden die Kunst von Wagner nicht, da versuchte er, ihnen alles zu erklären. Aber nach Ansicht der Menschen muß Kunst so hergestellt werden, daß sie keiner Erklärung bedarf. Also hielten die Konsumenten den Komponisten für einen Schwindler. Also war Wagner als Kunst-Pädagoge gescheitert.

Aber scheinbar war sich Wagner über den wahren Charakter des modernen Theaterbetriebs zu dieser Zeit noch nicht bewußt. Denn Nietzsche schreibt später[63]:

„Nachdem ihm der Zusammenhang unseres Theaterwesens ... mit dem Charakter des heutigen Menschen aufgegangen war, hatte seine Seele nichts mehr mit diesem Theater zu schaffen; um ästhetische Schwärmerei und den Jubel aufgeregter Massen war es ihm nicht mehr zu tun, ja es mußte ihn ergrimmen, seine Kunst so unterschiedslos in den gähnenden Rachen der unersättlichen Langeweile und Zerstreuungs-Gier eingehen zu sehen."

Vor dieser Erkenntnis steht auch so mancher Sozialarbeiter, nur hat Wagner das Glück gehabt, im Alter von sechzig Jahren einen Mäzen zu finden, der ihm ein eigenes Festspielhaus in Bayreuth gebaut hat, wo dann die Opern von Richard Wagner vor einem erlesenen Publikum aufgeführt werden konnten.

---

[62] ebd. S. 407
[63] ebd. S. 410

35

Nietzsche schreibt auch noch darüber, wie sich die Menschen der ersten Kategorie in Fromms Typologie[64] von den anderen beiden Typen unterscheiden[65]:

„Nun gibt es aber allein für die Natur, nicht für die Unnatur und die unrichtige Empfindung, wahre Befriedigung und Erlösungen. Der Unnatur, wenn sie einmal zum Bewußtsein über sich gekommen ist, bleibt nur die Sehnsucht ins Nichts übrig, die Natur dagegen begeht nach Verwandlung durch Liebe: jene will nicht sein, diese will anders ein."

Wahre Befriedigung und letztendlich Erlösung findet also nur der Mensch, der es schafft, *„auf aktivierende Reize produktiv zu reagieren"*[66].Da es für die Anderen diese Erlösung nicht gibt, bleibt ihnen letztendlich nur eine Sehnsucht nach dem „nicht mehr" sein, wenn sie sich ihrer Situation einmal bewußt werden. Dies würde dann letztendlich aber auch bedeuten, daß ein Wechsel der Kategorien nicht möglich ist.

3.4.   Friedrich Nietzsche: „Der Mensch mit sich allein"

Unter der Überschrift *„Der Mensch mit sich allein"* hat Nietzsche im ersten Bank von *„Menschliches, Allzumenschliches"* einige kurze Texte zusammengefaßt, die sich mit dem Menschen, seiner Umgebung und seinem Charakter beschäftigen.

So beschäftigt sich Nietzsche in seinem Text Nr. 506[67] mit dem Umgang des Menschen mit der Wahrheit:

---

[64]   Fromm: „Anatomie der menschlichen Destruktivität", S. 273
[65]   Schlechta, a.a.O.: S. 433
[66]   Fromm: „Anatomie der menschlichen Destruktivität", S. 273
[67]   Schlechta, a.a.O., S. 696

36

„*Vertreter der Wahrheit.- Nicht wenn es gefährlich ist, die Wahrheit zu sagen, findet sie am seltensten Vertreter, sondern wenn es langweilig ist.*"

Dieser Text beschäftigt sich wohlgemerkt nicht mit den möglichen Eigenschaften der Wahrheit, sondern auf die möglichen Reaktionsweisen der Menschen auf die Verkündung dieser Wahrheit. Nach diesem Text gehört auch viel Mut dazu, langweilige Wahrheiten zu verkünden.

Im Text Nr. 537 schreibt Nietzsche über das Berufsleben[68]:

„*Wert eines Berufs.- Ein Beruf macht gedankenlos; darin liegt sein größter Segen. Denn er ist eine Schutzwehr, hinter welche man sich, wenn Bedenken und Sorgen allgemeiner Art einen anfallen, erlaubtermaßen zurückziehen kann.*"

Diese Passage erinnert stark an das Fragment Nr. 88[69]:

„*Gedanken. (...) Wäre unsere Lage wirklich glücklich, brauchten wir, um glücklich zu sein, uns nicht zu zerstreuen, um nicht an sie zu denken.*"

Aber bei Nietzsche wird an dieser Stelle nicht deutlich, ob er die Situation des Menschen ebenso negativ sieht wie Pascal. Er sagt ja, daß der Beruf dazu dienen kann, sich bei anfallenden Problemen zurückzuziehen. Aber auch bei Nietzsche erfüllt der Beruf eines Menschen die Funktion einer Ablenkungsmöglichkeit in schwierigen Zeiten.

In diesem Zusammenhang kann man auch den Text Nr. 551 sehen[70]:

„*Kunstgriff der Propheten.- Um die Handlungsweise gewöhnlicher Menschen im voraus zu erraten, muß man annehmen, daß sie immer*

---

[68] ebd. S. 701
[69] Pascal, a.a.O., S. 64
[70] Schlechta, a.a.O., S. 703

*den mindesten Aufwand an Geist machen, um sich aus einer unange-
nehmen Situation zu befreien. "*

Denn er erfordert ja wirklich keinen geistigen Aufwand, um sich in
schwierigen Situationen auf seine Arbeitsstelle zurückzuziehen.
Nietzsche unterstellt hier aber den Menschen auch, daß sie allgemein nicht gerne nachdenken[71]:

*„Lebensalter und Wahrheit.- Junge Leute lieben das Interessante
und Absonderliche, gleichgültig wie wahr oder falsch es ist. Reifere
Geister lieben das an der Wahrheit, was an ihr interessant und ab-
sonderlich ist. Ausgereifte Köpfe endlich lieben die Wahrheit auch
in dem, wo sie schlicht und einfältig erscheint und dem gewöhnli-
chen Menschen Langeweile macht, weil sie gemerkt haben, daß die
Wahrheit das Höchste an Geist, was sie besitzt, mit der Miene der
Einfalt zu sagen pflegt. "*

Dieser Versuch einer Typologie der verschiedenen Lebensalter führt
zu ähnlichen Ergebnissen wie Erich Fromms Typologie in der
„Anatomie der menschlichen Destruktivität". Aber auch Nietzsches
Versuch über die Verständnisfähigkeit hat Schwächen. So hält die
Verständnisfähigkeit eines Menschen sehr oft nicht stand mit seinem
fortschreitenden Alter. Außerdem bleiben Komponenten wie etwa
monotone, körperlich schwere Arbeit außer Acht, die ja die Auf-
nahmefähigkeit ohne Zweifel auch beeinträchtigen. Aber es gibt ja
nicht nur den Beruf, es gibt ja unter anderem auch noch den spielen-
den Menschen[72]:

*„Langeweile und Spiel.- Das Bedürfnis zwingt uns zur Arbeit, mit
deren Ertrage das Bedürfnis gestillt wird; das immer neue Erwa-
chen der Bedürfnisse gewöhnt uns an die Arbeit. In den Pausen
aber, in welchen die Bedürfnisse gestillt sind und gleichsam schla-*

---

[71] ebd. S. 715

[72] ebd. S. 716

fen, überfällt uns die Langeweile. Was ist diese? Es ist die Gewöh-
nung an Arbeit überhaupt, welche sich jetzt als neues, hinzukom-
mendes Bedürfnis geltend macht; sie wird um so stärker sein, je
stärker jemand gewöhnt ist zu arbeiten, vielleicht sogar, je stärker
jemand an Bedürfnissen gelitten hat. Um der Langeweile zu entge-
hen, arbeitet der Mensch entweder über das Maß seiner sonstigen
Bedürfnisse hinaus oder er erfindet das Spiel, das heißt die Arbeit,
welche kein anderes Bedürfnis stillen soll als das nach Arbeit über-
haupt. Wer des Spieles überdrüssig geworden ist und durch neue
Bedürfnisse kein Grund zur Arbeit hat, den überfällt mitunter das
Verlangen nach einem dritten Zustand, welcher sich zum Spiel ver-
hält wie Schweben zum Tanzen, wie Tanzen zum Gehen – nach einer
seligen ruhigen Bewegtheit; es ist die Vision der Künstler und Phi-
losophen von dem Glück. "

Künstler und Philosophen bezeichnet Nietzsche auch als „*Tiefe*
Menschen" und charakterisiert sie wie folgt[73]:

„*Tiefe Menschen".- Diejenigen, welche ihre Stärke in der Vertie-*
fung der Eindrücke haben – man nennt sie gewöhnlich tiefe Men-
schen – sind bei allem Plötzlichen verhältnismäßig gefaßt und ent-
schlossen: denn im ersten Augenblick war der Eindruck noch flach,
er wird dann erst tief. Lange vorhergesehene, erwartete Dinge oder
Personen regen aber solche Naturen am meisten auf und machen sie
fast unfähig, bei der endlichen Ankunft derselben noch Gegenwär-
tigkeit des Geistes zu haben. "

Würde man die Alterstypologie zu Grund legen, könnten nur betagte
Menschen Künstler und Philosophen werden. Armer Pascal, armer
Mozart!

---

[73] ebd. S. 720

Auf jeden Fall schreibt Nietzsche, daß Einsamkeit nicht unbedingt etwas mit Langeweile zu tun haben muß. Dieser Aspekt ist in unserem Zusammenhang hochinteressant[74]:

„Einsame Menschen.- Manche Menschen sind so sehr an das Alleinsein mit sich selber gewöhnt, daß sie sich garnicht mit anderen vergleichen, sondern in einer ruhigen, freudigen Stimmung, unter guten Gesprächen mit sich, ja mit Lachen ihr monologisches Leben fortspinnen. Bringt man sie aber dazu, sich mit anderen zu vergleichen, so neigen sie zu einer grübelnden Unterschätzung ihrer selbst: so daß sie gezwungen werden müssen, eine gute, gerechte Meinung über sich erst von anderen wieder zu lernen: und auch von dieser erlernten Meinung werden sie immer wieder etwas abziehen und abhandeln wollen. – Man muß also gewissen Menschen ihr Alleinsein gönnen und nicht so albern sein, wie es häufig geschieht, sie deswegen bedauern."

Abschließend noch eine Passage über Leben und Erleben, die etwa im Vergleich zu Camus (siehe unten) eher locker und flockig klingt, also nicht ganz so pessimistisch ist, und deswegen ein wenig Hoffnung läßt[75]:

„Leben und Erleben.- Sieht man zu, wie einzelne mit ihren Erlebnissen – ihren unbedeutenden alltäglichen Erlebnissen – umzugehen wissen, so daß diese zu einem Ackerland werden, das dreimal des Jahres Frucht trägt; während andere – und wie viele! – durch den Wogenschlag der aufregenden Schicksale, der mannigfaltigsten Zeit und Volksströmungen hindurchgetrieben werden und doch immer leicht, immer obenauf, wie Kork, bleiben: so ist man endlich versucht, die Menschheit in eine Minorität (Minimalität) solcher einzuteilen, welche aus wenigem viel zu machen verstehen, und in eine

---

[74] ebd. S. 721

[75] ebd. S. 722

*Majorität derer, welche aus vielem wenig zu machen verstehen; ja
man trifft auf jene umgekehrten Hexenmeister, welche, anstatt die
Welt aus nichts, aus der Welt ein Nichts schaffen. "*

3.5. Heidegger und die drei Formen der Langeweile

In den Vorlesungen des Wintersemesters 1929/30 beschäftigt sich
Heidegger mit der Langeweile, um mit Hilfe dieses Phänomens den
„Augenblick des leeren Verstreichens der Zeit" aufzuspüren[76].

Im ersten Kapitel des ersten Teils über *„Die Weckung einer Grundstimmung unseres Philosophierens"* formuliert er im §18c, der über-
schrieben ist mit den Worten „Die tiefe Langeweile als die verbor-
gene Grundstimmung unserer Lage", folgende Frage[77]:

*„Ist es am Ende so mit uns, daß eine tiefe Langeweile in den Ab-
gründen des Daseins wie ein schweigender Nebel hin- und her-
zieht? "*

3.5.1 Das Gelangweiltwerden von etwas

Diese Frage nimmt er im Zweiten Kapitel unter dem Titel „Die erste
Form der Langeweile: Das Gelangweiltwerden von etwas" wieder
auf[78]:

*„Was heißt: Die Langeweile ist für uns fraglich? Zunächst sagt das
... soviel: Wir wissen nicht, ob sie uns durchstimmt oder nicht.(...)
Dieses Nichtwissen und Nichtkennen der Langeweile – gehört es
nicht gerade zu (...) unserer Lage? Warum wissen wir nicht um sie?
Etwa weil sie garnicht da ist? Oder – weil wir von ihr nicht wissen*

---

[76] Safranski, Rüdiger: „Ein Meister aus Deutschland – Heidegger und seine
Zeit", Carl Hanser Verlag, München/Wien, 1994, S. 229

[77] Heidegger, Martin: „Gesamtausgabe, II. Abteilung: Vorlesungen 1923-44,
Band 29/30 – Die Grundbegriffe der Metaphysik, Welt – Endlichkeit –
Einsamkeit", Vittorio Klostermann, Frankfurt a. M., 1983.

[78] ebd. S. 117f

wollen? (...) Fehlt uns nur der Mut zu dem, was wir wissen? Wir
wollen am Ende nicht von ihr wissen, sondern suchen ihr ständig zu
entgehen. (...) Was heißt das aber: Wir vertreiben und verscheuchen
die Langeweile? Wir bringen sie ständig zum Einschlafen. Denn of-
fenbar können wir sie (...) nicht vernichten. (...) wir wollen sie nicht
wach sein lassen – sie, die am Ende doch schon wach ist und mit
offenem Auge – wenn auch ganz aus der ferne – in unser Da-sein
hereinblickt und mit diesem Blick uns schon durchdringt und durch-
stimmt. "

Heidegger fragt also in seiner Vorlesung, ob die Langeweile nicht
immer schon da ist und unser Leben davon bestimmt ist, diese Langeweile „einschlafen" zu lassen.

Weiter versucht Heidegger nun, von der oberflächlichen Langeweile, die jeder kennt, auf die tiefe Langeweile zu schließen[79]. Und so
kommt er zur ersten Form der Langeweile: Etwas ist langweilig[80]:

„*Ein Buch ... ist schlecht geschrieben, geschmacklos gedruckt und*
ausgestattet; es ist langweilig. (...) Langweilig – wir meinen damit:
schleppend, öd, es regt nicht an und regt nicht auf(...), geht uns
nichts an. (...)Die Langweiligkeit ist dann doch keine ausschließlich
objektive Eigenschaft des Buches, wie etwa sein schlechter Einband.
Der Charakter 'langweilig' ist somit objektzugehörig und zugleich
subjektbezogen. "

Diesem Problem nähert sich Heidegger mit Hilfe der Poetik des Aristoteles[81]:

„*Schon bei Aristoteles ist in seiner Poetik gesehen, daß es (...) be-*
stimmte Aussagen und Prägungen gibt, in denen wir diese Stimmun-

---

[79] ebd. S. 122
[80] ebd. S. 126
[81] ebd. S. 127

42

gen, die die Dinge bei uns verursachen, Traurigkeit, Heiterkeit, Langweiligkeit, aus uns selbst auf die Dinge übertragen."

Ein Buch ist also nicht an sich langweilig, sondern es verursacht bei uns diese Stimmung. Aber die Frage bleibt: Was verursacht diese Stimmung, die wir gerne niederhalten wollen? Heidegger kommt noch einmal auf das langweilige Buch zurück[82]:

"...wenn etwas schleppend und öde ist, dann liegt darin, daß es uns nicht völlig gleichgültig gelassen hat, sondern umgekehrt: Wir sind im Lesen dabei, hingegeben, aber nicht hingenommen. Schleppend besagt: es fesselt nicht, wir sind hingegeben, aber nicht hingenommen, sondern eben nur hingehalten. Öde besagt: es füllt uns nicht aus, wir sind leer gelassen. (...) das Langweilende, Langweilige ist das Hinhaltende und doch Leerlassende."

Als Beispiel für das Hinhaltende und Leerlassende nennt Heidegger einen einsam gelegenen Bahnhof in einer Kleinstadt[83]t:

Wenn unser Zug erst in vier Stunden kommt, ist der Bahnhof langweilig und wir beginnen, und die Zeit mit irgendwelchen Tätigkeiten zu vertreiben."

Aus dieser von Heidegger beschriebenen Situation lassen sich einige Schlußfolgerungen ziehen: Wir sind in diese Situation eingezwängt und deshalb ist die Warterei langweilig[84]:

"Zeitvertreib ist ein Zeit antreibendes Wegtreiben der Langeweile."

Und weiter[85]:

"...beim Gelangweiltwerden ist es so, daß die Unruhe uns während des Wartenmüssens nichts finden läßt, was uns fesseln, ausfüllen und zur Geduld bringen könnte."

---

[82] ebd. S. 130
[83] ebd. S. 140
[84] ebd. S. 141
[85] ebd. S. 141f

Und auf Seite 155 ergänzt er hierzu:

„...sie helfen uns auch nicht. Sie überlassen uns uns selbst. Deshalb, weil sie nichts zu bieten haben, lassen sie uns leer. Leerlassen heißt, als Vorhandenes nichts bieten.(...) was erwarten wir vom Bahnhof? Daß er überhaupt ein Bahnhof sei? Nein – sondern daß wir ihn als Bahnhof benützen können, d.h. daß wir auf diesem Bahnhof sofort einsteigen und möglichst schnell wegfahren können. "

Hier nähert sich Heidegger den Auswirkungen der Zeit auf das Dasein. Und weiter unten führt er zu diese Thema aus[86]:

„Was vermag alles die Zeit! Sie hat Macht über Bahnhöfe und macht, daß diese langweilen! Andererseits zeigt sich: Die Zeit für sich, der große Ablauf, ist auch nicht langweilend, sondern das Gelangweiltwerden ist dieses wesentliche Hingehaltensein im Leergelassenwerden – mithin dieses, daß bestimmte Dinge (...) jeweils ihre bestimmte Zeit haben. (...) Wir sahen zugleich an dem konkreten Beispiel, daß der Bahnhof an sich uns nicht langweilt, stehen läßt, sondern nur, sofern der Zug noch nicht da ist.(...) Hätte nicht jedes Ding seine Zeit, dann gäbe es keine Langeweile. "

Soviel zur Langeweile an etwas. Darauf aufbauend beschäftigt sich Heidegger mit der Langeweile bei etwas.

3.5.2   Langeweile bei etwas

Um zu verdeutlichen, was er damit meint, bedient er sich wieder einer kurzen Alltagsepisode[87]:

„Wir sind irgendwo abends eingeladen. Wir brauchen nicht hinzugehen. Wir waren den ganzen Tag angespannt, und für den Abend haben wir Zeit. Also gehen wir hin. Es gibt da das übliche Essen mit der üblichen Tischunterhaltung, alles ist nicht nur recht schmack-

---

[86]   ebd. S. 158f

[87]   ebd. S. 165

44

haft, sondern auch geschmackvoll. Man sitzt nachher...angeregt beisammen, hört ... Musik, man plaudert, es ist witzig und amüsant. Schon ist es Zeit, wegzugehen. Die Damen versichern...: Es war wirklich sehr nett, oder: Es war furchtbar reizend. (...) Es findet sich schlechthin nichts, was an diesem Abend langweilig gewesen wäre,(...) Man kommt also ganz befriedigt nach Hause (...) und da kommt es: Ich habe mich eigentlich doch gelangweilt, an diesem Abend, bei dieser Einladung.(...) Wir können beim besten Willen nichts finden, was uns da gelangweilt hätte. Und doch habe ich mich gelangweilt. (...) Bin ich mir selbst das Langweilige gewesen?"

Ich möchte an dieser Stelle darauf hinweisen, daß Kant schreibt, daß die Abwechslung zur Vermeidung der Langeweile eine wichtige Rolle spielt. Hier war man den ganzen Tag angespannt und abends ging man auf eine Einladung. Nach Kant hätte es hier keine Langeweile geben dürfen. Heidegger beobachtet dieses Langeweile aber doch. Heidegger versucht, sie zu interpretieren. Diese zweite Form der *„Langeweile bei..."* gilt es nun auszulegen und zu unterscheiden von der ersten Form der *„Langeweile von..."*.

Ein wichtiger Unterschied ist hier das scheinbare Fehlen von Zeitvertreib bei der Langeweile bei. Wie ist das zu interpretieren? Heidegger schreibt[88], daß bei der *„Langeweile bei..."* der Zeitvertreib nicht völlig fehle, vielmehr habe er sich gewandelt. In der Situation des Zusammensitzens bei einer Einladung haben sich Verhaltensweisen entwickelt, durchaus als Zeitvertreib interpretiert werden können. Heidegger nennt hier das Gähnen, und das Trommelnwollen (mit den Fingern?) *„gleichsam (als) Aufflackern des Zeitvertreibs nach Art des bekannten, darin wir irgendwie eine Beschäftigung suchen."*

---

[88] ebd. S. 168f

45

An dieser Stelle[89] schreibt Heidegger über den Tabakkonsum. Dies ist interessant, weil Kant sich ja auch zu diesem Thema geäußert hat[90]. Aber Heidegger kommt zu anderen Schlüssen. Er schreibt:

„Wie wir drauf und dran sind, mit der Uhrkette oder einem Knopf zu spielen, werden wieder Zigarren herumgereicht. Wir liesen sie schon einmal passieren, aber jetzt nehmen wir eine Zigarre. Wir...rauchen...weil das Rauchen selbst ein idealer gesellschaftlicher Zeitvertreib ist, womit nicht gesagt ist, daß jeder, der raucht, sich dabei die Zeit vertreibt, d.h. sich langweilt. Gesellschaftlich ideal – das soll heißen, das Rauchen gehört dazu, man wird dazu aufgefordert und bekommt so... eine unauffällige Möglichkeit des Zeitvertreibs in die Hand gespielt."

Diese zweite Form der Langeweile unterscheidet sich also von der ersten Form durch die Art des Zeitvertreibs. Wenn man sich am Bahnhof langweilt, sucht man sich einen Zeitvertreib, um die Langeweile zu vertreiben. Hier beim Rauchen während einer Abendveranstaltung ist *„...Nicht das Rauchen als isolierte Tätigkeit (zu sehen), sondern das ganze Verhalten und Benehmen ist der Zeitvertreib – der ganze Abend, die Einladung selbst. Daher war der Zeitvertreib so schwer zu finden."[91]*

Bei der ersten Form der Langeweile gibt es etwas Bestimmtes, das uns langweilt. Bei der zweiten Form nicht. Es ist nichts Bestimmtes da, das uns langweilt. Heidegger nennt noch einen anderen wichtigen Unterschied[92]:

„Im zweiten Fall haben wir uns bei der Annahme der Einladung selbst die Zeit gegeben, wir haben Zeit dafür und lassen uns Zeit

---

[89] ebd. S. 169
[90] Kant, a.a.O.: S. 232
[91] Heidegger: „Gesamtausgabe", a.a.O.: S. 170
[92] ebd. S. 173

46

dazu, während wir im ersten Fall keine Zeit verlieren wollen und des zu langsamen Gehens der Zeit unruhig sind. "

Die für die erste Form der Langweile festgestellten Eigenschaften des Hinhaltenden und Leerlassenden scheinen für die zweite Form keine Bedeutung zu haben. Und das Ausbreiten des Zeitvertreibs hat noch eine weitere Folge[93]:

„...die Unauffälligkeit des Zeitvertreibs als eines solchen – Unauffälligkeit nicht etwa (...) für die Anderen, sondern auch uns selbst beschäftigt der Zeitvertreib nicht eigens als ein solcher. Wir lassen uns in ihn hineingleiten, gleich als läge er schon bereit. Daher fehlt diesem Zeitvertreib auch die flatternde Unruhe des Suchens nach irgendwelcher Beschäftigung. Er ist eigentümlich lässig und sicher. "

Zu dieser Lässigkeit schreibt Heidegger weiter[94]:

„Die unterbindende Lässigkeit als vertiefende Weise des Leerlassens ist ein Moment der Langeweile, die wir mit Recht ein sich langweilen bei nennen. Wir langweilen uns bei... Das deutet darauf hin, daß die Langeweile in diesem Dabeisein bei Seiendem einer Situation aus uns kommt. "

Wie steht es nun mit der Leergelassenheit? Dazu Heidegger[95]:

„Sind wir wirklich ausgefüllt? Was hieße denn das? Das hieße, daß unser ganzes Tun und Lassen erfüllt wäre von dieser Einladung. Aber das ist offenbar nicht der Fall. Es kann ... nicht verlangt werden, auch von der glänzendsten Veranstaltung nicht, daß sie imstande wäre, die Entschlossenheit unseres ganzen Daseins auszufüllen derart, daß wir unsere Existenz auf eine solche Gelegenheit stellen können.(...)Die Einladung entspricht nicht dem, was wir...für unser

---

[93] ebd. S. 175
[94] ebd. S. 179
[95] ebd. S. 179f

eigenes Selbst wirklich suchen. Genauer gesprochen, wir suchen bei der Einladung weiter garnichts.(...) Aber gerade dieses Nichtsweiter-Suchen bei der Einladung ist das Entscheidende bei unserem Verhalten. Mit diesem Nichts-weiter-Suchen ist uns etwas unterbunden. In diesem Mitplätschern... haben wir...unser eigenes Selbst...zurückgelassen. In diesem nichts weiter dabei suchen ... entgleiten wir uns in gewisser Weise selbst. (...) Hier ... bleibt nicht nur einfach eine Leere unausgefüllt, sondern es bildet sich gerade erst eine Leere. Diese Leer eist die Zurückgelassenheit unseres eigentlichen Selbst. Diese...ist dieses 'ich weiß nicht was' – das, was uns mehr oder minder bedrückt. "

Wie sieht es nun aus mit dem Hingehalten-sein?[96]

„Daß die Zeit hier doch irgendwie beteiligt ist, zeigt sich darin an, daß die Situation von vornherein so bestimmt ist, daß wir in ihr gerade Zeit haben. ... Wir lassen uns Zeit und die so gelassene Zeit, und die so gelassene Zeit läßt uns los in das Dabeisein. ... In diesem Zeithaben für... liegt die Möglichkeit des Ausgefülltseins der Zeit, die wir uns dazu nehmen; und gerade dabei kommt dieses Sichlangweilen. Es ist also in der Langeweile nichts damit getan, daß wir uns die Zeit genommen haben, sondern dieses ist es am Ende gerade, was der Zeit die Möglichkeit gibt, uns hinzuhalten und zwar in einer vertieften Weise. "

Was geschieht bei der Einladung mit der Zeit?[97]

„Wir nehmen uns die Zeit, um sie uns zu lassen, d.h. sie als die verfliessende aufzugeben.(...) Das Währen des Während verschluckt gleichsam die abfließende Jetztfolge und wird ein einziges gedehntes Jetzt, das selbst nicht fließt, sondern steht. Das Jetzt ist so gedehnt und zum Stehen gebracht und in diesem gedehnten Stehen

---

[96] ebd. S. 182f
[97] ebd. S. 186

gehalten, daß wir ganz dabei sind bei dem, was um uns vor sich
geht, d.h. daß wir ganz Gegenwart sind für das Anwesende."

Und zu diesem Problem schreibt Heidegger weiter unten[98]:

*„Wenn wir so, losgelassen in das Dabeisein, gestellt werden von
dem stehenden Jetzt, das unser eigenes, aber aufgegebenes und lee-
res Selbst ist, langweilen wir uns."*

Und weiter[99]:

*„Dieses Stehende und uns so Stellende jetzt ist das Langweilende.
(...) Die Langeweile entspringt aus der Zeitlichkeit des Daseins. Die
Langeweile also... entsteigt einer ganz bestimmten Art und Weise,
wie unsere eigene Zeitlichkeit sich zeitigt. Das trifft mit der These
zusammen, ... daß Langeweile nur deshalb möglich ist, weil jedes
Ding und grundsätzlicher jedes Dasein als solches seine Zeit hat."*

Des weiteren stellt Heidegger noch eine Mutmaßung über das Keine-
Zeit-haben an[100]:

*„Am Ende ist dieses Keine-Zeit-haben eine größere Verlorenheit des
Selbst als jenes sich Zeit lassende Zeitverschwenden...Dieses Keine-
Zeit-haben, das so aussieht wie der strengste Ernst, ist vielleicht die
größte Verlorenheit an die Banalität des Daseins."*

Im vierten Kapitel[101] geht Heidegger noch weiter und fragt, *„ob etwa
der Mensch sich heute langweilig geworden sei, und ob eine tiefe
Langeweile eine Grundstimmung des heutigen Daseins sei."*

Während bei der ersten Form der Langeweile die Langeweile sozusagen von außen kam, so scheint sie bei der zweiten Form aus dem
Dasein selbst zu kommen.

---

[98] ebd. S. 189
[99] ebd. S. 190f
[100] ebd. S. 195
[101] ebd. S. 200

3.5.3   Es ist einem langweilig!

Während die ersten beiden Formen der Langeweile von Heidegger
sehr genau beschrieben wurden, versucht er, bei der dritten Form
auch noch einen Ausweg aus der tiefen Langeweile zu finden – und
damit fangen für mich die Probleme mit diesen Texten an[102]:

*„Die ganze Situation und wir selbst als dieses individuelle Subjekt
sind dabei gleichgültig, ja diese Langeweile läßt es gerade nicht dazu kommen, daß dergleichen uns etwas Besonderes gilt sie macht
vielmehr, das alles gleich viel und gleich wenig gilt. (...) Diese
Langeweile nimmt uns gerade darauf zurück, daß wir nicht erst dieses und jenes Seiende und für uns in dieser bestimmten Situation suchen; sie nimmt uns darauf zurück, wo uns jedes mit jedem gleichgültig erscheint.(...)Diese Gleichgültigkeit der Dinge und unserer
selbst mit ihnen ist nicht das Resultat einer Summe von Abschätzun-
gen, sondern mit einem Schlag wird alles und jedes gleichgültig,
(...) Die Leere besteht hier demgemäß in der Gleichgültigkeit, die im
Ganzen das Seiende umfängt.“*

Das Hingehaltensein bei dieser dritten Form der Langeweile muß
natürlich auch zu finden sein[103]:

*„Das Seiende im Ganzen ist gleichgültig geworden. Aber nicht nur
das, in eins damit ... geschieht das Aufdämmern der Möglichkeiten,
die das Dasein haben könnte, die aber gerade in diesem 'es ist einem langweilig' brachliegen, als Brachliegende uns im Stichlassen
(...) Im Versagen liegt eine Verweisung auf anderes. Diese Verweisung ist das Ansagen der brachliegenden Möglichkeiten.(...) Dieses
im Versagen selbst liegende Sagen, Hinweisen auf die brachliegenden Möglichkeiten, ist am Ende die zu dieser Leergelassenheit gehö-
rige Hingehaltenheit.“*

---

[102] ebd. S. 207
[103] ebd. S. 212

Und die mögliche Herkunft der Langeweile schreibt er auf Seite 235:

„...die dritte Form ist die Bedingung der Möglichkeit für die erste und damit auch für die zweite. Nur weil im Grunde des Daseins diese ständige Möglichkeit – das 'es ist einem langweilig' – lauert, kann der Mensch sich langweilen (...) Nur weil jede Form der Langeweile aus dieser Tiefe des Daseins in Steigen kommt, wir aber diese Tiefe aber zunächst nicht kennen..., deshalb sieht es so aus, als hätte die Langeweile überhaupt keine Herkunft."

Ab jetzt wird es abenteuerlich und gefährlich. Denn Heidegger stellt nun die Frage: Ist der Mensch sich selbst langweilig geworden[104]?

„Wir fragen nach einer Leere im Ganzen, nach einer Not mithin, die schon garnicht den Charakter der aufgezählten Nöte haben kann. Nicht dieses soziale Elend, nicht jede politische Wirrnis, nicht diese Ohnmacht der Wissenschaft, nicht jene Aushöhlung der Kunst, nicht diese Bodenlosigkeit der Philosophie, nicht jene Unkraft der Religion – nicht das ist die Not, daß diese oder jene Not so oder so bedrängt, sondern das zutiefst und verborgen Bedrängende ist vielmehr: das Ausbleiben einer wesenhaften Bedrängnis unseres Daseins im Ganzen."

Dieses Ausbleiben der Bedrängnis des Daseins würde ich doch stark in Frage stellen. Zwar haben sich die Formen dieser Bedrängnis verändert, Ullrich Beck beschreibt beispielsweise diese Veränderungen ja auch recht eindringlich in seinem Buch *„Risikogesellschaft – auf einem Weg in eine andere Moderne"*[105], und manchmal sind die Bedrohungen nur schwer zu erkennen, aber sie sind da. Und 1932 gab

---

[104] ebd. S. 244f

[105] Beck, Ullrich: „Risikogesellschaft - Auf dem Weg in eine andere Moderne", Suhrkamp Verlag, Frankfurt a. M., 1986, S. 25ff

es sicherlich Bedrohungen für das Dasein. Aber Heidegger postuliert ein solches Fehlen der Bedrohung[106]:

„Das Ausbleiben der wesenhaften Bedrängnis des Daseins ist die Leere im Ganzen, so daß keiner mit dem anderen und keine Gemeinschaft mit der anderen in der wurzelhaften Einheit eines wesentlichen Handelns steht. Alle und jeder sind wir die Angestellten eines Schlagworts, Anhänger eines Programms, aber keiner ist Verwalter der inneren Größe des Daseins und seiner Notwendigkeiten. Diese Leergelassenheit schwingt am Ende in unserem Dasein, deren Leere ist das Ausbleiben einer wesenhaften Bedrängnis. (...) Das Ausbleiben der Bedrängnis ist das...Bedrängende und zutiefst Leerlassende, d.h. die im Grunde langweilende Leere. Dieses Ausbleiben der Bedrängnis wird nur scheinbar verdeckt, vielmehr gerade bezeugt durch die Umtriebe des heutigen Dahintreibens. Denn letztlich ist in all dem Organisieren und Programmbilden und Probieren ein allgemeines sattes Behagen in einer Gefahrlosigkeit. Dieses Behagen im Grunde des Daseins, trotz all der vielen Nöte, macht es, daß wir glauben, es nicht mehr nötig zu haben, im Grunde unseres Wesens stark zu sein.(...) Durch die Anhäufung von Tüchtigkeiten sind jedoch Kraft und Macht nie zu ersetzen, sondern wenn hiermit etwas erreicht wird, dann die Erstickung von allem. "

3.5.4   Auswege aus der dritten Form der Langeweile

Wenn ich davon ausgehe, daß dem Menschen in Deutschland 1930 nur deswegen langweilig war, weil ihm die Bedrohung des Daseins, das Geheimnis und die *"wahren Werte"* fehlen, dann macht Heideggers Ausweg aus dieser Langeweile natürlich einen Sinn[107]:

„Nach dieser Grundstimmung fragen heißt aber (...) das Wesen des Menschen befreien, da Dasein in ihm wesentlich werden lassen.

---

[106] Heidegger: „Gesamtausgabe", S. 244

[107] ebd. S. 248f

Diese Befreiung des Daseins im Menschen heißt nicht, ihn in eine Willkür stellen, sondern dem Menschen das Dasein als seine eigene Bürde aufladen. Nur wer sich wahrhaft eine Bürde geben kann, ist frei.(...) Also müssen wir wirklich fragen,(...) was uns in dieser Grundstimmung bedrängt und vielleicht zugleich als entscheidende Möglichkeit entschwindet. Dieses sollen wir verstehen, dem, worüber sich das Dasein in dieser Grundstimmung aussprechen will, zum Wort verhelfen – zu jenem Wort, damit wir kein Geschwätz vollführen, sondern zum Wort, das uns anspricht zum Handeln und zum Sein."

Nun gut. Es fällt mir schwer, diesen Ausführungen gerecht zu werden. Denn Heideggers Ausführungen zur Überwindung der dritten Form der Langeweile erscheinen mir, gelinde gesagt, schwach. Denn in einer modernen Gesellschaft, auch wenn sie krisengeschüttelt ist, gibt es Inseln der relativen Sicherheit, in denen der „tägliche Kampf ums Dasein" nicht stattfindet. Und in auf diesen Inseln manifestiert sich natürlich auch eine tiefe, existenzielle Form der Langeweile. Die resultiert aus den überschüssigen Kräften, die der Körper eben für diesen Kampf bereithält, der nicht stattfindet.

Und sicher wäre es sinnvoll oder zumindest möglich, diese Kräfte auf sinnvolle Ziele zu lenken, aber was Heidegger da vorschwebt, hat für mich etwas von einer Ersatzreligion, die ja dann drei Jahre nach der Vorlesung in Gestalt des faschistischen Regimes auch tatsächlich entstanden ist.

Und auch wenn es hier um ein Verbrecher-Regime geht, an dessen Spitze ein „*von der Vorsehung*" geschickter Führer stand, will ich es doch wagen, den Nachweis zu erbringen, daß diese „*Religion*" die Langeweile der Moderne zwar durch Ablenkungen wie Massenaufmärsche, große Reden und viel Propaganda kurz zum Einschlafen bringen konnte, aber das die Langeweile selbst in weltanschaulich gefestigten Zirkeln wie der SS stets präsent blieb.

Diese Aufgabe ist mir selbst unangenehm, aber der Umgang mit faschistoidem und allgemein fundamentalistischem Gedankengut gehört ja in unserer langweiligen Zeit leider zum täglichen Brot der Sozialarbeit. Und schließlich hat Heidegger ja selbst geschrieben[108], daß *„Philosophie ... nur da (ist), um überwunden zu werden. Aber das kann sie nur, wenn sie erst steht, und kann es um so wesentlicher, je tiefer der Widerstand ist, den sie durch ihr Dasein aufbringt."*

Und wenn sich weltanschaulich geschulte Menschen langweilen, dann kann am Ausweg aus der existenziellen Langeweile, den Heidegger aufzeigt, etwas nicht stimmen.

3.6. Exkurs zu Eugen Kogon oder hilft „Weltanschauung" gegen Langeweile

Und Eugen Kogon beschreibt eindringlich die Langeweile der Wachmannschaften in den Konzentrationslagern. So auf Seite 112f[109]:

„Kommandoführer war ... SS-Scharführer Kindervater. (...)Wenn er Langeweile hatte, ging er vor die Wäscherei und suchte sich irgendeinen „Herumtreiber", den er in der Wäscherei auf den Tisch legte, um ihm persönlich 25 Stockhiebe zu verabreichen."

Oder Seite 153:

„Allerdings pflegten sich die Blockführer ihre Langeweile im Übungsraum der Musikanten zu vertreiben und sich einen Schlager nach dem anderen vorspielen zu lassen. Die Kapelle wurde derart in Anspruch genommen, daß sogar bei diesem anscheinend leichten Kommando sechs Häftlinge wegen Lungenschwäche und Tuberkulose ausscheiden mußten und einer an Kehlkopftuberkulose starb."

Diese beiden Beispiele sollen genügen.

---

[108] ebd. S. 232

[109] Kogon, Eugen: „Der SS-Staat – Das System der deutschen Konzentrationslager", Wilhelm Heyne Verlag, 9. Aufl., München, 1995

Heidegger irrt, wenn er glaubt, es gebe ein Entkommen vor der existenziellen Langeweile durch die Abkehr von der Moderne und der
Rückkehr zu fundamentalistischen Werten. Vielmehr liegt die Lösung nicht im großen Ganzen, sondern in den Nischen der atomi-
sierten Gesellschaft, etwa im Sport, im künstlerischen Schaffen oder
auch in ehrenamtlichen sozialen Tätigkeiten. Diese Nischen sind in
der Moderne für jedes Individuum zugänglich und werden nicht
mehr durch die hohe Geburt oder Ähnliches reglementiert.

3.7. Albert Camus: „Der Mythos vom Sisyphos" oder Langeweile kann tödlich sein

In seinem Buch „*Der Mythos vom Sisyphos*" geht Camus der Frage
nach, ob sich das Leben überhaupt lohnt, gelebt zu werden. Seiner
Meinung nach gibt es nur ein einziges „*wirklich ernstes philosophi-
sches Problem: den Selbstmord.*"[110]

Er fragt sich, warum Menschen Selbstmord begehen und berichtet
von einem Immobilienhändler, der sich umgebracht hatte[111]:

„*...Er habe vor fünf Jahren seine Tochter verloren und habe sich
seit dem sehr verändert, die Geschichte habe ihn untergraben.*"

Camus schreibt weiter[112]:

„*Diesem tödlichen Spiel, das von der Erhellung der Existenz zur
Flucht aus dem Leben führt, muß man nachgehen, und man muß es
begreifen.*"

---

[110] Camus, Albert: „Der Mythos vom Sisyphos – Ein Versuch über das Absurde, Rowohlt Taschenbuch Verlag, Hamburg, Juni 1959, S. 9.

[111] ebd. S. 10

[112] ebd. S. 10

Weiter schreibt er über die möglichen Ursachen des Selbstmordes[113]:

„Man müßte aber wissen, ob nicht am selben Tag ein Freund mit dem Verzweifelten in einem gleichgültigen Ton gesprochen hat. Das ist der Schuldige. Dergleichen kann nämlich genügen, um allen Ekel und allen latenten Überdruß auszulösen. "

Diesen Ekel und latenten Überdruß findet man auch bei einem anderen französischen Existenzphilosophen[114]:

„Ein Tag, wie geschaffen, in sich zu gehen.(...) Eine Viertelstunde würde genügen, dessen bin ich sicher, um mich zum äußersten Selbstekel zu bringen. Vielen Dank, ich lege keinen Wert darauf. (...) Ich bleibe sitzen, lasse die Arme hängen oder kritzele mutlos ein paar Wörter hin ich gähne, ich warte, das es Nacht wird. "

Dieses Zitat stammt aus dem Roman „Der Ekel" von Jean-Paul Sartre. Mit diesem Roman *„... – der eigentlich „Melancholia" heißen sollte, nach dem berühmten Kupferstich von Albrecht Dürer – wurde Sartre 1938 mit einem Schlag berühmt. "[115]*

Der Ekel lauert also überall. Und man kann ihm nicht entkommen.

Aber sich aus Langeweile töten? Ist dieser Gedanke nicht vielleicht doch etwas zu gewagt? Dazu Camus[116]:

„Leben ist naturgemäß niemals leicht, aus vielerlei Gründen, vor allem aus Gewohnheit, tut an fortgesetzt Dinge, die das Dasein verlangt. Freiwilliges Sterben hat zur Voraussetzung, daß man wenigstens instinktiv das Lächerliche dieser Gewohnheit erkannt hat, das Fehlen jedes tieferen Grundes zum Leben, die Sinnlosigkeit dieser täglichen Betätigung, die Nutzlosigkeit des Leidens. "

---

[113] ebd. S. 10

[114] Sartre, Jean-Paul: „Der Ekel", Rowohlt Taschenbuch Verlag, Reinbek bei Hamburg, 1982, S. 24

[115] ebd. S. 3

[116] Camus, Albert: „Der Mythos vom Sisyphos", S. 11

56

Für Camus fehlt also jeder tiefer Sinn des Lebens und deshalb ist da Leben Leiden für den, der diesen Mangel erkannt hat. Für Camus lauert also die tiefe Langeweile in der Tatsache, daß das Leben sinnlos ist und wir zumindest Vieles nur aus Gewohnheit tun. Seine Interpretation der tiefen, existenziellen Langeweile erinnert stark an Heidegger. Aber während Heidegger die Lösung dieses Problems in einer „Weltanschauung" sieht, sieht Camus den Selbstmord als eine mögliche Lösung. Aber dazu muß der Mensch erkennen daß sein Leben sinnlos ist. Dazu Camus[117]:

„Eine Welt, die sich (...) deuten und rechtfertigen läßt, ist immer noch eine vertraute Welt. Aber in einem Universum, das plötzlich der Illusion und des Lichts beraubt ist, fühlt der Mensch sich fremd. Aus diesem Verstoßen-sein gibt es für ihn kein Entrinnen (...) Dieser Zwiespalt zwischen dem Menschen und seinem Leben (...) ist eigentlich das Gefühl der Absurdität. Da alle normalen Menschen an Selbstmord gedacht haben, wird es ohne weiteres klar, daß zwischen diesem Gefühl und der Sehnsucht nach dem Nichts eine direkte Beziehung besteht."

Das Fremdsein in der Welt führt zu einer Sehnsucht nach dem Nichts. Dieses Nichts spielt auch bei Sartre eine große Rolle, siehe dazu auch Sartre: „Das Sein und das Nichts". Aber meiner Meinung nach kann dieses Nichts eben Alles und Nichts bedeuten. Denn vom christlichen Standpunkt her gesehen entkommt der Mensch dem Getrenntsein von Gott nur durch Gott. Andererseits ist das Nichts auch tatsächlich der einzige Ausweg aus der absurden Situation. Dazu Camus[118]:

„Antwortet ein Mensch auf die Frage, was er denke, in gewissen Situationen mit 'nichts', so kann das Verstellung sein. (...) Ist diese

---

[117] ebd. S. 11
[118] ebd. S. 16

Antwort aber aufrichtig, stellt sie den sonderbaren Seelenzustand dar, in dem die Leere beredt wird, die Kette alltäglicher Gebärden zerrissen ist und das Herz vergeblich das Glied sucht, das sie wieder zusammenfügt – dann ist sie gleichsam das erste Anzeichen der Absurdität. Dann stürzen die Kulissen ein.(...) (Tagtäglich) immer derselbe Rhythmus – das ist sehr lange ein bequemer Weg. Eines Tages aber steht das 'Warum' da, und mit diesem Überdruß, in den sich Erstaunen mischt, fängt alles an. „Fängt an" – das ist wichtig. Der Überdruß ist das Ende eines mechanischen Lebens, gleichzeitig aber auch der Beginn einer Bewußtseinsregung. "

Am Ende des täglichen Einerleis steht der Überdruß an eben diesem Einerlei. Aber dieser Überdruß, diese Langeweile hat verschiedene Aspekte. Hier nennt er zunächst Heidegger[119]:

„An sich ist der Überdruß etwas Widerliches. Hier jedoch muß ich zu der Überzeugung kommen, daß er gut ist. Denn mit dem Bewußtsein fängt alles an, und nur durch das Bewußtsein hat etwas Wert.(...) Die einfache „Sorge" ist, wie Heidegger es ausdrückt, aller Dinge Anfang. "

Der Überdruß ist also nicht nur ekelhaft, er bietet auch die Chance für einen Neuanfang, oder aber auch für das Ende. An dieser Stelle nennt Camus dann Sartre[120]:

„Dieses Unbehagen vor der Unmenschlichkeit des Menschen selbst, dieser unberechenbare Sturz vor dem Bilde dessen, was wir sind, dieser „Ekel", wie ein zeitgenössischer Schriftsteller es nennt, ist auch das Absurde. "

Dann erwähnt er sich selbst und das Werk, für das er den Literaturnobelpreis erhalten hat[121]:

---

[119] ebd. S. 17
[120] ebd. S. 18
[121] ebd. S. 18

*„Auch der Fremde, der uns in gewissen Augenblicken im Spiegel be-
gegnet, (...) ist wiederum das Absurde."*

Weiter unten faßt er den Begriff des Absurden noch einmal zusammen[122]:

*„Das Absurde entsteht aus dieser Gegenüberstellung des Menschen,
der fragt, und der Welt, die vernunftwidrig schweigt. (...) Das Irra-
tionale, das Heimweh des Menschen und das Absurde, das sich aus
ihrem Zwiegespräch ergibt, sind die drei Figuren eines Dramas, das
notwendigerweise mit der ganzen Logik enden muß, deren eine Existenz fähig ist."*

Diese Konstellation hat also etwas dramatisches. Und deshalb müßte
sie sich in klassischen Dramen auch wiederfinden lassen. Und richtig. Unter anderem bei Don Juan, dem alten Verführer, wird Camus
fündig. Ihm widmet Camus ein ganzes Kapitel. Er schreibt über Don
Juan[123]:

*„Warum sollte er sich ein moralisches Problem stellen?... Was Don
Juan in Tätigkeit versetzt, ist eine Ethik der Quantität – im Gegen-
satz zum Heiligen, der zur Qualität neigt. An den tiefen Sinn der
Dinge nicht glauben – das ist die Eigentümlichkeit des absurden
Menschen. Er überprüft rasch diese warmen und erstaunten Ge-
sichter, bringt sie in die Scheuer und eilt ohne Aufenthalt weiter."*

Und hier an dieser Stelle schreibt Camus etwas, was sehr stark an
Nietzsche erinnert[124]:

*„Der Alltags-Mensch hält sich nicht gerne auf.(...) Daher seine
Vorliebe für das Theater, für das Schauspiel, wo ihm so viele
Schicksale vorgeführt werden, deren Poesie er aufnimmt, ohne ihre
Bitterkeit zu erleiden."*

---

[122] ebd. S. 29

[123] ebd. S. 63

[124] ebd. S. 67

Denn der Mensch vermeidet es gerne, der Realität ins Auge zu sehen. Diese Vermeidung, die auch schon Pascal im Pensee Nr. 95 erwähnt, treibt gelegentlich wahrhaft absurde Blüten[125]:

*„In den italienischen Museen findet man zuweilen kleine bemalte
Schirme, die der Priester den Verurteilten vors Gesicht hielt, um ihnen das Schafott zu verbergen. Der Sprung in all seinen verschiedenen Formen, der Sturz ins Göttliche oder ins Ewige. Die Hingabe an
die Illusionen des Alltags oder der Idee – alle diese Schirme verbergen das Absurde. "*

Es ist also möglich, zu leben, ohne sich der Absurdität bewußt zu
werden. Ich muß mich ablenken und zerstreuen. Und folgerichtig
schreibt Camus[126]:

*„... der Schauspieler, der Künstler oder Don Juan können verges-
sen, daß ihre Lebensbeschäftigung nicht ohne das Bewußtsein ihrer
Sinnlosigkeit ausgeübt werden können. "*

Diese Menschen produzieren dann Dinge zur Unterhaltung des Publikums und zur Ablenkung ihrer selbst. Folgerichtig sieht das absurde Kunstwerk anders aus[127]:

*„So verlange ich von dem absurden Kunstwerk das, was ich vom
Denken verlange: Auflehnung, Freiheit und Mannigfaltigkeit. Dann
wird es die tiefe Nutzlosigkeit manifestieren. "*

Als absurdes Kunstwerk nennt Camus die Werke Kafkas. Über Kafkas „Das Schloß" schreibt er[128]:

*„Und diese beseelten Automaten, die Kafkas Figuren sind, geben uns
eine Vorstellung von dem, was wir ohne unsere Zerstreuungen, ganz
und gar ausgeliefert den Demütigungen des Göttlichen, wären. "*

---

[125] ebd. S. 67
[126] ebd. S. 86
[127] ebd. S. 96
[128] ebd. S. 107f

3.8.   Erich Fromm: „Anatomie der menschlichen Destruktivität – Über einfache und aktivierende Reize

In dem Kapitel Erregung und Stimulation unterscheidet Erich Fromm zwischen einfachen und aktivierenden Stimuli.[129]

Beim einfachen Stimulus *„reagiert (der Mensch) einfach und direkt, fast reflexartig ... Das Gleiche gilt für andere physiologische Bedürfnisse wie Hunger und bis zu einem gewissen Grad auch für die Sexualität...Man könnte auch sagen, daß ...das Gehirn und der gesamte physiologische Apparat für den Menschen agieren. "*

Im Gegensatz dazu steht der aktivierende Reiz, der den Menschen dazu bringt, selbst aktiv zu werden. Diese Reize zwingen den Menschen dazu, selbst aktiv zu werden, also über den einfachen Reflex hinaus zu agieren, sich für das reizauslösende Objekt zu interessieren. Dies führt zu einem wichtigen Unterschied zwischen den beiden Formen von Reizen[130]:

„Reize der ersten, „einfachen" Art werden, wenn sie über eine bestimmte Schwelle hinaus wiederholt werden, nicht mehr registriert und verlieren ihre stimulierende Wirkung...Eine fortdauernde Stimulation setzt voraus, daß der Reiz entweder an Intensität zunimmt oder sich seinem Inhalt nach ändert; ein gewisses Element der Neuheit ist erforderlich. Aktivierende Reize haben eine andere Wirkung... Dadurch, daß sie eine produktive Reaktion hervorrufen,... ändern sie sich ständig: Derjenige, der stimuliert wird, macht dem Stimulus lebendig und verändert ihn dadurch, daß man (?) immer neue Aspekte an ihm entdeckt. "

---

[129] Fromm, Erich: „Anatomie der menschlichen Destruktivität", a.a.O., S. 269f

[130] ebd. S. 270

Als Beispiel für einen aktivierenden Stimulus nennt Fromm *„einen Roman, ein Gedicht, eine Idee, eine Landschaft, ein Musikstück oder eine geliebte Person".*

Dieser Exkurs zum Thema Stimuli war notwendig, um Erich Fromms Kapitel über Langeweile und chronische Depression zu verstehen. Denn die Phänomene Stimulus und Reaktion hängen ja sehr eng zusammen. Fromm unterscheidet hier zwischen drei verschiedenen Typen von Personen[131]:

„1) Menschen, die die Fähigkeit besitzen, auf einen aktivierenden Reiz produktiv zu reagieren, langweilen sich nicht.

2) Menschen die ständig das Bedürfnis haben, „seichte" Reize zu wechseln, sind chronisch gelangweilt; aber da sie ihre Langeweile zu kompensieren verstehen, kommt sie ihnen nicht zu Bewußtsein.

3) Menschen, die nicht in der Lage sind, sich von einem normalen Reiz in einen Zustand der Erregung versetzen zu lassen, sind krank."

In den beiden ersten Fällen sind die Betroffenen also grundsätzlich in der Lage, auf einen Reiz zu reagieren.

3.8.1. Exkurs: Alexander Flemming oder was macht einen einen aktivierenden Reiz zu einem aktivierenden Reiz?

Für mich stellt sich da nur eine Frage: Ist es die Eigenschaft des Reizes, einfach oder aktivierend zu sein oder ist das die Eigenheit eines Menschen, einen bestimmten Reiz *„einfach"* oder aktiviert zu reagieren? Als Beispiel für das, was ich meine, fällt mir Alexander Flemming ein, der Entdecker des Penizillins. Er mußte Petrischalen mit Bakterienkulturen überwachen und deren Nährlösung regelmäßig erneuern. Dazu mußte er den Glasdeckel von den Petrischalen nehmen, die diese normalerweise luftdicht verschlossen. Gelegentlich

---

[131] ebd. S. 273

kam es nun vor, daß Sporen von Schimmelpilzen die Bakterienkulturen verunreinigten und sich in der Nährlösung Schimmelpilze bildeten. Dieses Problem war alltäglich und die jeweilige Probe alt als zerstört und wurde weggeworfen.

Flemming nun sah sich eine solche verunreinigte Probe näher an und entdeckte, daß in der Umgebung der Schimmelpilze alle Bakterien abgetötet waren. Dies erweckte sein Interesse und er suchte den Stoff, der die Bakterien getötet hatte. Nach langer Forschungsarbeit entwickelte er so das Penizillin.

Die einfache Reaktion für Flemming wäre gewesen: Probe verunreinigt – weg damit![132] Aber eine Probe weckte sein Interesse und ließ ihn handeln.

Also scheint es doch nicht in der Natur eines Reizes zu liegen, wie er auf einen Menschen wirkt. Ein Reiz wird dann zu einem *„einfachen"* oder aktivierenden Reiz, wenn er bei einem Menschen eine bestimmte Verhaltensweise auslöst.

3.8.2. Mangelhafte innere Produktivität – eine leichte, pathologische Erscheinung

Erich Fromm schreibt, daß die meisten Menschen in der heutigen Zeit nicht in der Lage seien, auf aktivierende Reize produktiv zu reagieren. Diese mangelnde innere Produktivität bezeichnet er als leichte, pathologische Erscheinung.[133] Denn diese Erscheinung kann ja durch ein Aneinanderreihen von einfachen Reizen kompensiert werden. Sie wird dann nicht als schmerzhaft empfunden.

---

[132] Eifel, Hanns: „Alexander Fleming – Zufall und Forscherglück retten Millionen Menschenleben" in Popp, Georg (Hrsg.): „Die Großen des 20. Jahrhundert – Bedeutende Staatsmänner, Künstler und Wissenschafter unserer Zeit", Arena Verlag, 2. Aufl., Würzburg, 1979, S. 135ff

[133] Fromm, Erich: „Anatomie der menschlichen Destruktivität", a.a.O., S. 274f

Dies ist aber offensichtlich das Phänomen, das Blaise Pascal in seinem Fragment Nr. 86[134] mit seiner „Hasenjagd" beschrieben hat. Fromm schreibt wörtlich:

„...Man kann sagen, daß heutzutage eines der Hauptziele der Menschen darin besteht, „ihrer Langeweile" zu entfliehen."

Da aber Pascal im 17. Jahrhundert dasselbe Phänomen beschrieben hat, muß man die Vokabel „heutzutage" relativieren. Natürlich haben sich seit den Tagen Pascals die Arten der Zerstreuung gewandelt, aber ihr Zweck ist offensichtlich der Gleiche geblieben.

Allerdings dürfte auch feststehen, daß sie die Natur der Arbeit geändert hat. Die Menschen heute sind in für sie unüberschaubare Arbeitsabläufe integriert. Viele sehen in ihrer Arbeit keinen Sinn außer dem, daß sie Geld verdienen müssen, wenn sie überleben müssen.

Diese durch Ablenkungen kompensierte Langeweile nennt Fromm auch unbewußte Langeweile. Und wie alle Psychoanalytiker geht er davon aus, daß sich dieses Unbewußte in Träumen manifestiert.

So kam auch ein „fleißiger Rechtanwalt"[135] in die Praxis eines mit Fromm befreundeten Studenten, „der oft zwölf Stunden am Tag arbeitete und behauptete, er sei von seinem Beruf so in Anspruch genommen, daß er keine Langeweile kenne."

Dieser Rechtsanwalt schilderte ihm einen Angsttraum, in dem er als Kettensträfling in Georgia Zwangsarbeit leisten mußte: Er verlud schwere Säcke immer von einem Lastwagen auf den anderen, immer hin und her. Dabei konnte er seine Ketten leicht ablegen, aber er mußte immer weiter arbeiten. Während des Traumes empfand er „intensiven seelischen Schmerz und eine starke Depression".

---

[134] Pascal, a.a.O., S. 60

[135] Fromm, Erich: „Anatomie der menschlichen Destruktuvität", a.a.O., S. 276f

Während der nun folgenden Therapie gab der – bis dahin recht vergnügte – Mann an, das was er tue, habe eigentlich keinen Sinn, es sei im Grunde immer dasselbe und diene nur dem Geldverdienen, was doch...nicht ausreiche, das Leben lebenswert zu machen. Er sagte auch, die beruflichen Probleme, die er zu lösen habe, seien zwar recht verschiedener Art, doch im Grunde sei es immer das gleiche. Oder sie seien doch mit ein paar Methoden, die sich ständig wiederholten, zu lösen."

Einen weiteren Traum schildert der Rechtsanwalt wie folgt:

„Ich sah mich...in meinem Büro sitzen, aber ich hatte das Gefühl, ein lebender Leichnam zu sein. Ich höre, was vorgeht, und sehe, was die Leute machen, aber ich habe das Gefühl daß ich tot bin und das mich alles nichts mehr angeht."

Aus diesen und ähnlichen Träumen deutet ein Analytiker, daß der Rechtsanwalt sich unbewußt unlebendig und deprimiert gefühlt hat und das Rechtsanwaltsbüro, dessen Chef er war, abgrundtief haßte. Leider gibt Fromm nicht an, ob und gegebenenfalls wie dem Rechtanwalt und seinen Leidengenossen geholfen werden konnte.

Gemeinsam scheint den von Fromm beschriebenen Fällen zu sein, daß die betreffenden Personen häufig versuchen, ihre Langeweile durch Konsum kompensieren zu wollen[136]. Fromm folgert hier:

„Offenbar erfüllt der die Langeweile kompensierende Konsum, der über die normalen Kanäle unserer Kultur angeboten wird, seine Funktion nicht richtig, weshalb man nach anderen Mitteln sucht, seine Langeweile loszuwerden."

Aber ist es nicht offensichtlich so, daß die meisten Menschen unserer Tage zu dem von ihm auf Seite 273 geschilderten 2. Typ gehören? Diesen hat er nämlich folgendermaßen beschrieben:

---

[136] ebd. S. 278f

„Menschen, die ständig das Bedürfnis haben, „seichte" Reize zu wechseln, sind chronisch gelangweilt, aber da sie ihre Langeweile zu kompensieren verstehen, kommt sie ihnen nicht zum Bewußtsein."

Als Konsumgüter, die außerhalb der normalen Kanäle unserer Kultur konsumiert werden, nennt Fromm den Alkohol und den Gruppensex der sogenannten Swinger.

Beim Alkohol kann man sicherlich sagen, daß Gebrauch und Mißbrauch dieser Droge hier unterschieden werden müssen. Das eine wird in unserer Kultur akzeptiert, das andere aber nicht.

Darüber hinaus ist es noch wichtig anzumerken, daß Alkohol neben einer sedierenden auch noch eine angstlösende Wirkung hat. Dies könnte bei der Bekämpfung der aufziehenden Langeweile ein durchaus erwünschter Nebeneffekt sein.

Über die Menschen, die sich in den USA zu den Swingern zählen, schreibt Fromm[137]:

„Man schätzt, daß es in den Vereinigten Staaten eine bis zwei Millionen (solcher) Menschen gibt, die hauptsächlich der Mittelklasse angehören...sie seien, bevor sie mit dem „Swinging" angefangen hätten, derart gelangweilt gewesen, daß ihnen selbst stundenlanges Fernsehen nicht mehr helfen konnte."

Zum Swingen gehen laut Fromm Ehepaare, die sich in ihrer Ehe nichts mehr zu sagen haben. Durch ihre Freizeitbeschäftigung holen sie sich ständig wechselnde sexuelle Stimuli und damit auch Gesprächsstoff für ihre Ehe, wodurch auch diese angeblich wieder besser wird.

Zu den Konsummitteln, die die Langeweile bekämpfen sollen, zählen nach Fromm auch die „Psychodrogen", deren Konsum schon im Teenager-Alter beginnt und deren Konsum später vor allen Dingen

---

[137] ebd. S. 279

66

von Menschen fortgesetzt wird, die *„sozial nicht gefestigt sind und keine interessante Arbeit haben."*

Hier denke ich, daß der Autor das Drogenproblem zu einseitig betrachtet. Aber interessant finde ich, daß Fromm hier schreibt, daß Menschen, die eine interessante Arbeit haben, im fortgeschrittenen Alter seltener zu Drogen greifen. Denn um seine Arbeit dauerhaft interessant finden zu können, muß man ein Mensch des ersten Typus sein:

„Menschen, die die Fähigkeit besitzen, auf einen aktivierenden Reiz produktiv zu reagieren, langweilen sich nicht."[138]

Es ist ja nach der Typologie zwangsläufig so, daß Menschen, die produktiv reagieren können, sich nicht langweilen. Und um seine Arbeit interessant finden zu können, muß ein Mensch produktiv sein.

Interessante Arbeit findet aber nur der Produktive. Deswegen ist es nach der Typologie von Fromm selbstverständlich, daß Menschen mit interessanten Berufen selten Drogen nehmen.

Dies ist aber ein gefährlicher Trugschluß. Denn auch der interessanteste Beruf kann hinhalten und doch leer lassen. Dadurch kann auch ein Burn-Out-Syndrom mit dem damit verbundenen Stress entstehen.[139] Und um diesen Stress abzubauen, kann auch ein Mensch der ersten Kategorie zu sedierenden Drogen greifen.

Was die von vielen Drogenkonsumenten beschriebene Bewußtseinserweiterung durch Drogen betrifft, schreibt Fromm[140]:

---

[138] ebd. S. 273

[139] Siehe auch Freudenberger, Herbert/North, Gail: „Burn-Out bei Frauen – Über das Gefühl des Ausgebranntseins", Fischer Taschenbuchverlag, Frankfurt a. M., Juni 1994, S. 38ff

[140] Fromm: „Anatomie der menschlichen Destruktivität", a.a.O., S. 279

„Viele Drogenbenutzer, vor allen Dingen junge Leute, die eine echte Sehnsucht nach einer tieferen und echteren Form der Erlebens haben, (...) behaupten, daß die Benutzung von Drogen (...) ihren Erlebnishorizont erweitere. Ich bezweifle das nicht. Aber das Einnehmen von Drogen ändert ihren Charakter nicht und beseitigt daher auch nicht die permanenten Wurzeln ihrer Langeweile. Der Drogengebrauch führt nicht zu einer Höherentwicklung; diese ist nur auf dem Weg einer geduldigen, angestrengten Arbeit an sich selbst zu erreichen, dadurch, daß man zur Einsicht gelangt und daß man sich zu konzentrieren und in Zucht zu nehmen lernt."

Dieser Passus ist hochinteressant. Denn die permanenten Wurzeln der Langeweile kann man also nicht durch Drogen bekämpfen, weil diese den Charakter eine Person nicht dauerhaft verändern. Schon allein das ist eine gewagte Behauptung.

Denn dauerhafter Drogenkonsum kann eine persönlichkeits- und damit auch charakterverändernde Wirkung haben. Aber Fromm meint hier sicherlich eine Veränderung vom zweiten zum ersten Typus hin.

Es ist also theoretisch möglich, für aktivierende Reize empfänglich zu werden, wenn man es im Moment noch nicht ist.

Diese *„Höherentwicklung"* sei nur durch *„geduldige, angestrengte Arbeit an sich selbst"*, durch Konzentration und Selbstdisziplin möglich.

Nun sagt Fromm aber auch[141], daß viele Drogenbenutzer *„eine echte Sehnsucht nach einer tieferen und echteren Form des Erlebens haben(...)und(...) sich viele durch Aufrichtigkeit Abenteuerlust und Unabhängigkeit auszeichenen(...)"*.

Also sind speziell diese Menschen vom 2. Typus, verspüren aber einen Drang, sich zum ersten Typus hin zu entwickeln. Aber diese

---

[141] ebd. S. 279

Entwicklung wäre langwierig und arbeitsintensiv und die Droge verspricht einen kürzeren Weg. Dazu kommt, daß der Weg über die Selbstdisziplin heute weitgehend unbekannt ist.

3.8.3. „Eine besonders gefährliche Folge ungenügend kompensierter Langeweile sind Gewalttätigkeit und Destruktivität"

Eine passive Form dieser Gewalttätigkeit ist das Konsumieren der Gewaltdarstellungen in den Medien.[142] Dieser Konsum versetzt die Menschen in Erregung und kompensiert so die Langeweile. Aber laut Fromm ist es nur ein kleiner Schritt vom passiven Konsumieren zu aktiven Formen des sadistischen oder destruktiven Verhaltens[143]. Hier muß angemerkt werden, daß der Sadismus *„die Leidenschaft ist, absolute und uneingeschränkte Herrschaft über ein lebendes Wesen auszuüben, ob es sich nun um ein Tier, ein Kind, einen Mann oder eine Frau handelt"[144]*.

Die Destruktivität dagegen bezeichnet ein Verhalten, das darauf aus ist, andere nicht nur zu beherrschen, sondern sie zu zerstören.

Das ist auch klar, wenn es sich hier um Menschen des von ihm beschriebenen 2. Typus handelt. Denn hier wird ja postuliert, daß zur Kompensierung der Langeweile ein Wechsel und eine Verstärkung der Reize stattfinden muß. Und es ist auch klar, daß zwischen *„dem unschuldigen Vergnügen, daran, einen anderen in Verlegenheit zu setzen oder zu necken, und der Beteiligung an einem Lynchmord"*

---

[142] ebd. S. 279f

[143] Csikszentmihalyi, Mihali: „Das Flow-Erlebnis – Jenseits von Angst und Langeweile: Im Tun aufgehen", Ernst Klett Verlag, 2. Aufl., Stuttgart, 1987, S. 58

[144] Fromm, Erich: „Anatomie der menschlichen Destruktuvität", a.a.O., S. 326

nur ein quantitativer Unterschied besteht „(...) *In beiden Fällen schafft sich der Gelangweilte die Quelle seiner Erregung selbst.*"[145]

Fromm schreibt auch, daß sich diese Menschen dann eine Art Mini-Kollosseum selber schaffen und am Rest der Welt nur noch sehr oberflächlich Interessen haben. Nichtsdestotrotz sind diese Menschen von ihrem äußeren Erscheinungsbild her entweder eher unauffällig und gut angepaßt,[146] dann „*verdrängen sie die Langeweile aus ihrem Bewußtsein und möchten für völlig normal gehalten werden (...) Andere erregen die Aufmerksamkeit der Behörden, und man betrachtet sie als „asozial" und „kriminell", obwohl sie keinen deprimierten oder gelangweilten Eindruck machen.*"

Hier ist es wohl so, daß die Personen, die eine eher angepaßte und unauffällige Fassade haben, von Gerichten oder Therapeuten weiter nicht beachtet werden.

Aber die Adjektive asozial und vor allen Dingen kriminell enthalten, neben ihrem eigentlichen Sinn, der sich nur auf Handlungen und niemals auf Personen bezieht, eine Wertung, genauer: Eine Mißbilligung. So, wie Fromm diese Worte hier verwendet, mißbilligt er nicht nur eine Tat, sondern den Täter.

Diese Form der nur ungenügend kompensierten Form der Langeweile hat dann eventuell sehr grausame, destruktive Handlungen zur Folge.

So schildert Fromm den Fall eines Mädchens, das sich die Pulsadern geöffnet hatte, um zu sehen, ob es überhaupt Blut habe.[147] „*Ihr Mangel an Interesse und ihre Unfähigkeit zu reagieren waren so groß, daß sie sich nur dadurch davon überzeugen konnte, ein lebendiger Mensch zu sein...*"

---

[145] ebd. S. 280
[146] ebd. S. 281
[147] ebd. S. 281f

Ein Junge in einer Anstalt für Schwererziehbare warf einen Stein auf ein Dach, von wo dieser Stein immer wieder herunterrutschte, und versuchte immer wieder, diesen Stein dann mit dem Kopf aufzufangen.[148] *„Seine Erklärung lautete, dies sei für ihn die einzige Möglichkeit, überhaupt etwas zu fühlen. Er unternahm fünf Selbstmordversuche. Er brachte sich an besonders schmerzempfindlichen Stellen Schnittwunden bei und meldete es jedesmal den Wärtern, so daß er gerettet werden konnte. Er sagte, durch die Schmerzempfindung fühle er wenigstens überhaupt etwas."*

Hier ist interessant, daß Fromm zwischen Selbstverstümmelung und Selbstmordversuch unterscheidet. Beim Selbstmordversuch möchte der Mensch der Langeweile durch den Tod entkommen, bei der Verstümmelung versucht er dies durch die Erzeugung eines Reizes.

Aber diese ehr autoaggressiven Reaktionen sind nur eine Spielart.

„Ein anderer junger Mann lief mit einem Messer im Ärmel durch die Stadt und stach wahllos auf fremde Menschen ein: Er gab an: Er empfand Vergnügen daran, die Todesangst im Gesicht des Opfers zu beobachten."[149]

Bei diesem Fall ist es auch interessant, daß der junge Mann zunächst übungshalber auf Hunde eingestochen hat. Er gibt an:

„Ich glaube, die Hunde haben es schon gespürt, wenn ich mit dem Messer in sie hineingestochen habe."

Auch kam er dann zufällig schon einmal in der Situation, zusammen mit der Frau eines Lehrers allein im Wald Holz zu hacken. In einem Moment, in dem er eine Axt in der Hand hielt, überkam ihn der Wunsch, die Frau zu erschlagen. Diese bemerkte aber einen geistesabwesenden Ausdruck in seinem Gesicht und nahm ihm die Axt ab.

---

[148] ebd. S. 282
[149] ebd. S. 282

Der Unterschied zwischen diesem Fall und dem 11jährigen, der seine Eltern erschoß[150], sind nur marginal.

Laut Fromm geschehen diese Morde nicht aus Haß, sondern weil sie eine letzte Möglichkeit sind, noch etwas zu spüren und einen Menschen zu finden, der auf einen reagiert.

3.8.4. Fromm: „Haben oder Sein" – Erst wird die Zeit gespart, dann totgeschlagen

Erich Fromm kritisiert in seinem Buch „Haben oder Sein"[151] die überwiegende Haben-Orientierung der modernen westlichen Gesellschaft:

„Daß sich die große Verheißung nicht erfüllt hat, liegt (...) an den wichtigsten psychologischen Prämissen des Systems selbst, nämlich 1., daß das Ziel des Lebens Glück (...) sei, (...) Daß Egoismus, Selbstsucht und Habgier – Eigenschaften, die das System fördern muß, um existieren zu können – zu Harmonie und Frieden führen."

Die Menschen in Westeuropa haben seit dem Ende des Zweiten Weltkriegs den Spruch „Haste was – biste was" internalisiert. Das bedeutet aber auch, daß sie in ihren Verhaltensweisen und Empfindungen nach diesem Motto handeln.[152] Dieser radikale Hedonismus kann nicht der Weg zum Wohlsein sein.

„Wir sind eine Gesellschaft notorisch unglücklicher Menschen: Einsam, von Ängsten gequält, deprimiert, destruktiv, abhängig – jene Menschen, die froh sind, wenn es ihnen gelingt, jene Zeit „totzuschlagen", die sie ständig einzusparen versuchen."

---

[150] ebd. S. 282f

[151] Fromm, Erich: „Haben oder Sein", Deutscher Taschenbuch Verlag, 13. Aufl., München, 1983, S. 15f

[152] ebd. S. 16

Diese „Jagd nach dem Glück" hat sehr viel Ähnlichkeit mit Pascals Kaninchenjagd, doch gibt Fromm zu bedenken, daß „*Zum ersten Mal in der Geschichte .l. die Befriedigung des Luststrebens nicht bloß das Privileg einer Minorität, sondern mindestens für die Hälfte der Bevölkerung möglich (ist).*"

Jedenfalls hat der Hedonismus der modernen Gesellschaft das Empfinden der Menschen grundlegend verändert. So wandelte sich das Zeitempfinden grundsätzlich. Aus der Zeit wurde ein Ding, das man ansparen kann. Für Fromm liegt der Unterschied „*zwischen Sein und Haben zwischen dem Geist einer Gesellschaft, die den Menschen zum Mittelpunkt hat, und dem Geist einer Gesellschaft, die sich um Dinge dreht.*"[153]

3.8.5. Langeweile in der Ehe – Aus Leidenschaft wird Langeweile

Für Erich Fromm besteht die romantische Liebe in einer modernen erotischen Paarbeziehung aus zwei Teilen[154]:

„*In der Zeit der Werbung ist sich einer des anderen noch nicht sicher; die Liebenden suchen einander zu gewinnen. (...) Keiner hat den anderen schon, also wendet jeder seine Energie darauf, zu sein, das heißt zu geben und zu stimulieren.*"

Dies ändert sich dann häufig mit dem Eingehen eines „Ehevertrags"[155]:

„*Niemand muß mehr gewonnen werden, denn die Liebe ist zu etwas geworden, das man hat, zu einem Besitz.*"

Hier irrt Fromm meiner Meinung nach. Denn nach der Eheschließung habe ich zwar einen Ehemann oder eine Ehefrau, aber dadurch

---

[153] ebd. S. 31
[154] ebd. S. 53
[155] ebd. S. 53

ändert sich zunächst nichts an der Intensität des Gefühls. Vielmehr macht die Liebe jetzt eine Metamorphose durch. Schon allein die Zeit, die die Partner miteinander verbringen, kann hier zum Problem werden.

Vorher sah man sich gelegentlich, nun regelmäßig. Die ganze Natur der Beziehung verändert sich und unterzieht sie einer Zerreißprobe. Aber weiter mit Fromm[156]:

„Das Bemühen umeinander läßt nach, und die Liebenden werden einander schnell langweilig.(...) Was sie nicht begreifen, ist, das sie... nicht mehr die ... sind, die sie waren, als sie sich ... verliebten; daß der Irrtum, man könne Liebe haben, sie dazu verleitete, aufzuhören, zu lieben. Sie arrangieren sich nun (...) und statt zu lieben, besitzen sie nun gemeinsam (...) Geld, (...) ein Zuhause, Kinder. (...) Die (...) Ehe verwandelt sich so ... in eine freundschaftliche Eigentümergesellschaft (...) in der zwei Egoismen sich vereinen.

Dieser Ausgang des ehelichen Abenteuers ist sicherlich möglich. Nur würde ich das nicht so schwarz sehen.

Wenigstens haben diese Ehepaare noch Gemeinsamkeiten und damit Gesprächsstoff. Aber wer wie Fromm von der Ehe die Erfüllung des gesamten Lebens erwartet, ist von einem solchen Ausgang sicherlich enttäuscht. Aber was kann noch geschehen?[157]

„In anderen Fällen sehen sich die Beteiligten (...) nach dem Widererwachen ihrer alten Gefühle, und der ein oder andere gibt sich der Illusion hin, daß ein neuer Partner seine Illusion erfüllen könne. Sie glauben, nichts weiter als Liebe zu wollen."

Das kann natürlich geschehen. Ich denke aber, daß hier dann einer der Partner einfach mit zuviel Illusionen in die Ehe gegangen ist. Und außerdem ist der Mensch ein Wesen, das nun einmal Fehler

---

[156] ebd. S. 53f
[157] ebd. S. 53

macht. Und wenn sich eine Eheschließung als Fehler erweist, ist es nur menschlich, wenn diese Ehe wieder gelöst wird. Aber Fromm hält das Ideal der Ehe hoch[158]:

„Die Problematik liegt nicht in der Ehe als solcher, sondern in der besitzorientierten Charakterstruktur beider Partner. (...)"

Zu dieser Problematik äußert sich Fromm auch in der „Anatomie der menschlichen Destruktivität"[159]. Fromm zitiert hier Konrad Lorenz, der das Verhältnis seiner Tante zu ihrem Dienstmädchen zu Zeiten der k.u.k–Donaumonarchie wiederzugeben versucht. Die Tante bekam in regelmäßigen Abständen neue Dienstmädchen, die sie dann jeweils in den höchsten Tönen lobte. Aber, wenn beide Frauen unter einem Dach gelebt hatten, kühlte das Verhältnis merklich ab. Die Tante fand tadelnswerte, ja am Ende sogar hassenswerte Eigenschaften bei ihrer einstigen „Perle". Kurz bevor die Tante dann ihr Dienstmädchen entließ, wurde die Situation für beide Seiten unerträglich.

Konrad Lorenz sieht her Analogien zum berühmten Trapperfieber und seinen eigenen Erfahrungen als Kriegsgefangener.

Das Zusammenleben von wenigen Menschen unter einem Dach kann zu Aggressionen zwischen diesen Menschen führen. Bei Trappern, die gemeinsam in einer kleinen Hütte überwintern oder bei Kriegsgefangenen, die ihr Lager nicht verlassen dürfen, ist es sicherlich so, daß sie keine oder nur ungenügende Möglichkeiten haben, sich außerhalb ihrer Hütte oder ihres Lagers zu bewegen.

Fromm versucht, Mutmaßungen über die Tante von Konrad Lorenz anzustellen. Er nimmt an, daß diese Tante eine *„sehr narzistische Person war, die dazu neigte, andere auszunutzen."*[160]

---

[158] ebd. S. 53
[159] Fromm: „Anatomie der menschlichen Destruktivität", a.a.O., S. 39f
[160] ebd. S. 40

Das kann schon sein. Aber ich denke, daß es in einer Ehe aus ähnlichen Gründen zu Problemen kommen kann, ohne daß eine der beteiligten Parteien ausgesprochen narzißtisch ist.

Die Natur einer erotisch gefärbten Liebesbeziehung ändert sich, wenn die beteiligten Personen einen gemeinsamen Hausstand gründen. Und diese Veränderungen, die teilweise ja nur Kleinigkeiten sind, müssen jeweils verarbeitet werden.

Und zum Problem der Langeweile zwischen Ehepartnern: Wenn ein Partner für den anderen nur noch einen einfachen Reiz darstellt, kommt es zu chronischer Langeweile[161].

Aber zum Abschluß dieses Kapitels noch ein Blick auf die Kritik von Erich Fromm an den modernen Auswegen aus der bürgerlichen Ehe[162]:

„Die Befürworter moderner Formen des Zusammenlebens wie Gruppenehe, Partnertausch, Gruppensex etc, versuchen (...) nur ihre Schwierigkeiten in der Liebe zu umgehen, indem sie die Langeweile mit ständig neuen Stimuli bekämpfen und die Zahl der Partner erhöhen, anstatt einen wirklich zu lieben."

Es scheint mir offensichtlich, daß Fromm Praktiken wie Partnertausch und Gruppensex nicht gerade positiv gegenübersteht. Für ihn existiert Liebe in der Erotik nur zwischen zwei Personen und der Hort der Liebe ist die Ehe, alle anderen Formen der sexuellen Betätigung sind für ihn zum Scheitern verurteilte Versuche, die Ehe an sich zu retten. Diese Ansicht scheint mir etwas kurzsichtig zu sein.

---

[161] ebd. S. 273
[162] Fromm: „Haben oder Sein", a.a.O., S. 53f

76

3.8.6.   Habgier und Langeweile – Die Eigenart der Haben-Orientierung ist die Langeweile

Im Zusammenhang mit Erich Fromm wird häufig gesagt, daß die moderne westliche Gesellschaft sehr stark haben-orientiert sei. Aber was bedeutet das genau?[163]

„Das Verhältnis zwischen den Menschen ist in der Existenzweise des Habens durch Rivalität, Antagonismus und Furcht gekennzeichnet. Das antagonistische Element (...) liegt an der Eigenart des Habens selbst begründet: Wenn Haben die Basis meines Identitätsgefühls ist, (...) dann muß der Wunsch zu Haben zum Verlangen führen, viel, mehr, am meisten zu haben.(...) Habgier ist die natürliche Folge der Habenorientierung."[164]

Dem ist eigentlich nicht viel hinzuzufügen. Wenn das wichtig ist, was man hat, dann ist es wichtig viel zu haben. Aber dann müßte doch jeder Mensch mit Haben-Orientierung ein spannendes, unlangweiliges Leben führen. Oder ist das ein Trugschluß?[165]

„Es kann die Habgier des Geizigen, die Habgier des Profitjägers, die Habgier des Schürzenjägers oder mannstoller Frauen sein. Was auch immer seine Gier entfacht, er wird nie genug haben, er wird niemals „zu-frieden" sein."

Interessant sind hier die Parallelen zu Albert Camus, der ja unter anderem auch ein ganzes Kapitel dem Don Juan und seinen Epigonen widmet.[166]

„Im Gegensatz zu physiologischen Bedürfnissen ... bei denen es physiologisch bedingte Grenzen gibt, ist die psychische Gier (...) unersättlich, da die innere Leere und Langeweile, die Einsamkeit und

---

[163] a.a.O., S. 111
[164] ebd. S. 111
[165] ebd. S. 111
[166] ebd. S. 111

Depression, die sie eigentlich überwinden soll, selbst durch die Be-
friedigung der Gier nicht beseitigt werden kann."

Nach Fromm ist es also so, daß die Habenorientierung zu Bedürfnissen führt, die nicht befriedigt werden können. Dies führt dann indi-
viduell zu Langeweile, Depressionen und ähnlichen Erscheinungen.
Diese können zwar bekämpft, aber nicht besiegt werden.

3.8.7. Der Unterschied zwischen Freude und Vergnügen

Auf den Seiten 115f unterscheidet Fromm zwischen Freude einerseits und Vergnügen andererseits[167]:

„*...Freude ist eine Begleiterscheinung produktiven Tätigseins. Sie
ist kein „Gipfelerlebnis", das kulminiert und abrupt endet, sondern
... ein Plateau, ein emotionaler Zustand, der die produktive Entfal-
tung der dem Menschen eigenen Fähigkeiten begleitet. Freude ist
nicht die Exstase, das Feuer des Augenblicks, sondern die Glut, die
dem Sein innewohnt."*

Freude ist also etwas durch und durch Positives, eine „*Glut die dem
Sein innewohnt*". Freude liegt in der Nähe dessen, was Fromm in der
„Anatomie der menschlichen Destruktivität" einen aktivierenden
Reiz nennt. Und das duale Weltbild von Erich Fromm liegt die Ver-
mutung nahe, daß er nun den Gegenpol der Freude, das Vergnügen
gnadenlos herunterputzt. Ist diese Vermutung richtig?

„*Vergnügen und Nervenkitzel hinterlassen ein Gefühl der Traurigkeit, wenn der Höhepunkt überschritten ist. Denn die Erregung wurde ausgekostet, aber das Gefäß ist nicht gewachsen. Die inneren
Kräfte haben nicht zugenommen.*"[168]

Und tatsächlich: Vergnügen und Nervenkitzel sind unproduktiv und
hinterlassen einen schalen Nachgeschmack. Und nach dem, was wir

---

[167] ebd. S. 115
[168] ebd. S. 115

bis jetzt wissen, lauert in diesem Nachklingen des Nervenkitzels auch die Langeweile.

„Man hat versucht, die Langeweile unproduktiver Beschäftigung zu durchbrechen, es ist ... gelungen für einen

Augenblick alle Energien auf ein Teil zu konzentrieren (...) Im Augenblick des Triumphs glaubt man, sein Ziel erreicht zu haben –
aber auf den Triumph folgt tiefe Niedergeschlagenheit, weil (...) sich im eigenen Inneren nichts geändert hat."[169]

Vergnügen und Nervenkitzel verändern das Innere des Menschen also nicht und lassen ihn in ein tiefes Loch von Langeweile und Depression fallen. Wie sieht es mit dem schnellen, schmutzigen, außerehelichen Sex aus?

„Der alte Satz Omne anima post coitum triste (Alle Lebewesen sind nach dem Koitus traurig) drückt das gleiche Phänomen in Bezug auf liebslosen Sex aus – ebenfalls ein mit starker Erregung verbundenes Gipfelerlebnis und daher enttäuschend, sobald es vorüber ist.

Sexuelle Freude fühlt man nur, wenn physische Intimität gleichzeitig die Intimität des Liebens ist."[170]

3.9. Zusammenfassung der Reflexionen

Wie wir in den einführenden Kapiteln gesehen haben, haben sich kluge Köpfe schon immer mit dem Problem der Langeweile beschäftigt, mal vermutete man hier Dämonen am Werk, mal den schlechten Einfluß von Planeten. Die Anhänger der traditionsreichen Säftelehre vermuteten die Ursachen für die Langeweile im Körper des Menschen selbst.

---

[169] ebd. S. 115f
[170] ebd. S. 116

Blaise Pascal stellte Überlegungen über den Menschen an und erkannte, daß die Flucht vor der Langeweile zum existenziellen Wesen des Menschen gehört.

Immanuel Kant kommt zu der Überzeugung, daß Abwechslung ein gutes Mittel gegen Langeweile ist. Wenn ein Mensch regelmäßig arbeitet und sich genauso regelmäßig von dieser Arbeit erhole, dann könnte er die Erholung genießen und ihm wäre niemals langweilig. Sicherlich ist es wichtig, daß ein Mensch seine Zeit strukturiert, also nicht einfach so in den Tag hinein lebt.

Friedrich Nietzsche beschreibt zunächst die chronisch gelangweilten Adligen und Bürgerlichen und ihre Zerstreuungen durch Oper und Theater. Dann beschreibt er die Vorteile eines Berufs für den Menschen: Wer arbeitet, hat keine Zeit zum Nachdenken und zum Langweilen.

Zum Abschluß versucht er sich an einer Typologie. Er teilt die Menschen in zwei Gruppen: Die einen können aus wenigem viel machen und die anderen machen aus viel nicht und langweilen sich.

Martin Heidegger untersucht die Langeweile unter anderem beim Warten an einem Bahnhof oder auf einer Abendgesellschaft und findet jedesmal das Hingehaltensein und das Leergelassensein sowie den schon bekannten Zeitvertreib. Die von ihm beschriebene dritte Form der Langeweile lasse ich hier einmal beiseite. Denn die von Heidegger genannten Auswege für dieses Problem scheinen mir, wie gesagt, nicht akzeptabel. Denn allein der Glaube an Gott, Vaterland und andere „höhere Werte" schaden nur und nützen nichts.

Albert Camus beschreibt diese von Heidegger genannte „Dritte Form der Langeweile" in einem anderen Zusammenhang recht präzise, verzichtet aber darauf, Auswege aus dieser „Existenziellen" Langeweile anzugeben.

Erich Fromm beschreibt in seiner Typologie drei verschiedene Typen von Menschen. Grob gesagt erweitert er die Typologie von

Nietzsche noch um den chronisch kranken und gelangweilten Menschen. Er beschreibt sehr genau den Zusammenhang zwischen Langeweile und zwanghaftem Konsumverhalten einerseits und Langeweile und Gewalt andererseits.

Aus einem anderen Blickwinkel heraus beschreibt er in „Haben und Sein" dasselbe Phänomen: Die Langeweile als Folge der Haben-Orientierung in der Moderne und ihre Auswirkungen auf verschiedene Bereiche des Lebens.

4.

DIE BEDEUTUNG DER LANGEWEILE IN DER MODERNEN SOZIALARBEIT

War es schon schwierig, einen Überblick über die philosophischen Reflexionen zum Thema Langeweile zu geben, so ist es fast unmöglich, die Bedeutung der Langeweile in und für die soziale Arbeit darzustellen. Denn die Methoden und Arbeitsfelder der modernen Sozialarbeiter zum Beispiel ändern sich ständig.

Die Sozialarbeit ist, um mit Fontane zu sprechen, ein weites Feld. Hier ackern die Kommunen zusammen mit privaten Anbietern, teilweise verpflichtet der Gesetzgeber zur Einrichtung von sozialen Diensten (KJHG), manchmal gehen sie auf private Initiativen zurück. Die von mir ausgewählten Beispiele können also keinen Überblick geben über die gesamte moderne Sozialarbeit. Sie scheinen sehr willkürlich gewählt und das sind sie auch.

4.1. Konsumentenkredit, Schuldnerberatung und Langeweile

Laut Ulf Groth, Rolf Schulz und Rolf Schulz-Rackoll spielt die professionelle, spezialisierte Schuldnerberatung seit rund zwölf Jahren eine immer wichtigere Rolle in der Sozialarbeit.[171]

Zur Schuldnerberatung kommen in der Regel Angehörige von privaten Haushalten, die über die von ihnen aufgehäufte Schuldenlast nicht mehr Herr werden. Sehr oft liegt hier dann bereits eine Überschuldung vor, daß heißt, daß die Monatlichen Verpflichtungen bereits höher sind als das zur Verfügung stehende Nettoeinkommen des Haushalts.

---

[171] Groth, Ulf/Schulz, Rolf/Schulz-Rackoll, Rolf: „Handbuch der Schuldnerberatung – Neues Handbuch der Wirtschaftssozialarbeit", Campus Verlag, Frankfurt a. M./New York, 1994, S. 10

Die Schuldnerberatung setzt sich nun mit den betreffenden Geldin-
stituten in Verbindung und versucht, einen Schuldenerlaß oder wenigstens eine Stundung der monatlichen Zahlungen zu erreichen.
Manchmal versuchen die Mitarbeiter der Schuldnerberatung auch,
für ihre Klienten eine Umschuldung auszuhandeln, also die Tilgung
einer hochverzinsten Verpflichtung durch das Eingehen einer Verpflichtung mit günstigeren Konditionen.

Auf der Schuldnerseite wird nun versucht, einen Haushaltsplan zu
erstellen. Auf diese Weise soll der Klient einen Überblick über seine
Einnahmen und Ausgaben verschaffen. Im übrigen wird versucht,
die Ausgaben des betreffenden Haushalts zu konsolidieren und es
wird überprüft, ob die Einkommensseite nicht durch gesetzliche Lei-
stungen wie Sozialhilfe, BAFÖG, Rente oder Ähnliches, aufgebes-
sert werden kann.

Detailliertes Zahlenmaterial über die Entwicklung der Liquiditäts-
probleme von privaten Haushalten gibt es nicht. Ulf Groth u.a.
schreiben jedoch[172]:

*„1970, (...) betrug das gesamte Konsumkreditvolumen in der Bun-
desrepublik 29,7 Mrd Mark. 1980 war es bereits um 340% auf 130,7
Mrd. Mark gestiegen und hatte 1990 ein Volumen von 254,3 Mrd.
Mark erreicht. Damit war es gegenüber 1970 um 856% angestiegen.
Rechnet man die Hypothekarkredite,(...) mit 444,8 Mrd. Mark noch
hinzu, so machte 1990 das Gesamtkreditgeschäft mit Verbrauchern
(Privatpersonen) bei allen Kreditinstituten einen Anteil von 26% des
gesamten Darlehensgeschäfts aus. Heute (1994) stehen deutsche
Privathaushalte mit insgesamt weit mehr als 1000 Milliarden Mark
(= 1 Billion) bei den Kreditinstituten in der Kreide."*

---

[172] Groth, Ulf u.a., zitiert nach Reis, Claus (Diss): „Konsum, Kredit und
Überschuldung – Zur Ökonomie und Soziologie des Konsumentenkredits",
Eigenverlag des Deutschen Vereins für Öffentliche und Private Fürsorge,
Frankfurt a. M., 1992, S. 2

4.1.1 Wirtschaftswissenschaftliche Aspekte

Über die Ursachen dieser enormen Verschuldung gibt es verschiedene Theorien.

Zum einen werben ja gerade die Kreditinstitute im Massengeschäft sehr aggressiv, aber das allein kann nicht der Grund sein. Denn schließlich handelt es sich her ja doch um Dienstleistungsunternehmen, deren Geschäft darin besteht, freies Geldkapital gewinnbringend anzulegen.

Andererseits kann es aber beim besten Willen nicht nur an der Dummheit der Kreditnehmer liegen. Dies wäre eine sehr konservative Sichtweise, wie Vertreter des Bürgertums sie zum Beginn der industriellen Revolution hatten: Die Arbeiter können nicht mit dem Geld umgehen. Die allgemein in der Sozialarbeit vertretenen Thesen von den rücksichtslosen Banken und den ahnungs- und hilflosen Kunden erscheinen mir nicht stichhaltig zu sein.

Volkswirtschaftlich betrachtet ist das Verleihen von Geld ein Geschäft wie jedes andere auch. Auf einem unvollkommenen Markt trifft ein Oligopol auf der Anbieterseite auf ein Polypol auf der Nachfrageseite.

Der Konsumentenkredit, mit dem ich mich weiterhin beschäftigen werden, stellt ja eine Sonderform des Kredits dar. Während der Produktivkredit ja mit in der Zukunft erwarteten Gewinnen getilgt wird, geht es beim Konsumentenkredit auf in Zukunft zu erwartendes Einkommen.[173]

Im Rahmen meiner Arbeit kann ich die Anbieterseite beim Kreditgeschäft, die Kreditinstitute, eigentlich vernachlässigen und beschränke mich darauf, festzustellen, daß die Vergabe von Konsumentenkrediten ein lukratives Geschäft ist.

---

[173] ebd. S. 42

Hier gibt Reis[174] die Zahlen für 1979 an. Hier lag das Risiko bei den Teilzahlungsbanken für den Gesamtausfall bei 2,48% des Bruttokreditvolumens. Diese Schmälerung des Gewinns versuchen die Banken durch Rückstellungen abzudecken. Als 1982 die Zahl der Zahlungseinstellungen sprunghaft anstieg,[175] erhöhten die Kreditinstitute einerseits diese Rückstellungen, andererseits verschärften sie die Bonitätsprüfungen bei den Kunden. Diese Maßnahme ist sicherlich von den Schuldnerberatungsstellen begrüßt worden, aber sie hatte eine unerfreuliche Nebenwirkung: Wurde ein Nachfrager bei einem Kreditinstitut abgelehnt, trat er den Weg zu einem Institut an, das ihm Kredit gewährte, allerdings zu ungünstigeren Konditionen.

Das war besonders fatal, weil sozial schlechter Gestellte auch traditionell die teureren Kredite nehmen mußten. Dies hängt mit der Unvollkommenheit des Marktes zusammen. Die Anbieter bilden, wie oben bereits gesagt, ein Oligopol; es gibt also eine relativ überschaubare Gruppe von Anbietern, die auch zum Teil eine gewisse Marktmacht besitzen; auf der anderen Seite steht eine unüberschaubar große Anzahl von Nachfragern, die, jeder für sich, keine Marktmacht besitzen. Daraus resultiert, daß die Kreditinstitute sich ihre Kunden aussuchen können. Umgekehrt ist das nicht der Fall. Bedingt durch die Unvollkommenheit des Marktes könne die Nachfrager diesen Markt eben nicht überblicken und sind deshalb auch in der Regel nicht in der Lage, sich den für sie günstigsten Kredit auszusuchen. Am Markt findet außerdem eine Segmentierung durch die Anbieter statt. Große Geschäftsbanken werben gezielt um Kunden, die zumindest gewissen Sicherheiten für den Kredit, etwa in Form von Hypothekendarlehen vorweisen können. Wer aber nur seinen Lohn als Sicherheit geben kann, der ist auf teurere Kredite angewiesen, etwa bei den Kreditinstituten der großen Versandunternehmen.

---

[174] ebd. S. 98

[175] ebd. S. 146

Deren Konditionen sind sehr häufig ungünstiger als ein vergleichbarer Kredit bei einer Geschäftsbank.

4.1.2 Die Bedeutung der Langeweile bei der Verschuldung

Soviel zu den Anbietern. Aber wie sieht es mit den Nachfragern aus? Die klassische Volkswirtschaftslehre ging ja von einem rationalen Verhalten der Marktteilnehmer aus. Aber die Nachfrager nach Krediten gehen mit zukünftigem Einkommen so um, als hätten sie es bereits erwirtschaftet.

Nach Reis[176] müssen zwei Voraussetzungen erfüllt sein, damit das Phänomen des Konsumentenkredits zum Massenphänomen werden kann.

Zum einen muß es viele Menschen geben, die aus ihrer traditionellen Sozialintegration herausgefallen sind. Dieses Phänomen läßt sich in der US-amerikanischen Gesellschaft am Beginn unseres Jahrhunderts nachweisen. Viele Zuwanderer verloren dort ihre soziale Identität und mußten sich in eine Gesellschaft einleben, die überwiegend „Haben"-orientiert war.

Zusätzlich aber müssen soziale und private Sicherungssysteme bereitstehen, die Ausfälle beim Einkommen zumindest abmildern können. Denn dadurch entsteht ein Gefühl der relativen Sicherheit.

Aus dem Ansteigen der privaten Insolvenzen schließe ich, daß diese beiden Aspekte auch in der Bundesrepublik erfüllt sind.

Die Langeweile spielt bei der Problematik der Verschuldung von privaten Haushalten eine dreifache Rolle: Holm hat versucht, ein dynamisches Modell zu entwerfen, um die Entstehung der Kreditaufnahmebereitschaft zu erklären[177]. Nach Grob sieht dieses Modell folgendermaßen aus:

---

[176] ebd. S. 66

[177] ebd. S. 157

„Anregungsphase – Suchphase – Bewertungsphase – Realisierungs-phase – Kontrollphase".

Nach der Erregung des Konsumwunschs folgt die Erkenntnis, daß sich der Konsum nicht finanzieren läßt, danach die sogenannte Suchphase, laut Reis werden in dieser Phase „spannungsabbauende Reize" (Information, Kreditwerbung) bevorzugt abgenommen. Hierbei kann es nun geschehen, daß die verhinderten Konsumenten ihre eventuelle Ablehnung von Krediten neu überdenken und einen solchen Kredit abschließen.

Die Beschreibung der Suchphase legt zumindest den Verdacht nahe, daß es sich hier um eine Phase handelt, die durch quälende Langeweile gekennzeichnet ist. Nach der Heideggerschen Definition wird die Langeweile gekennzeichnet durch ein Hingehaltensein, ein Leergelassensein und durch eine Form des Zeitvertreibs.

Das Leergelassensein ist leicht aufzuspüren: Der betreffende Mensch kann seinen Konsumwunsch nicht erfüllen und fühlt sich deshalb leergelassen. Aber gleichzeitig verschwindet ja der Konsumwunsch nicht, vielmehr wird er übermächtig, dadurch wird der verhinderte Konsument hingehalten.

Der Zeitvertreib, der die Qualen des verhinderten Konsumenten lindert, ist nicht so leicht zu entdecken. Aber die bevorzugte Wahrnehmung von Kreditangeboten läßt die Vermutung zu, daß das Wahrnehmen und letztendliche Annehmen dieses Angebots ein Verhalten darstellen, das der Ablenkung von der Langeweile dient, ähnlich wie das Zigarrerauchen bei einer Abendgesellschaft. Dieses Verhalten kann konditioniert werden und wird dann immer wieder wiederholt.

Die zweite Bedeutung der Langeweile wird deutlich, wenn man sich vor Augen hält, welche Güter diesen Konsumwunsch hervorrufen.

Laut Reis handelt es sich hier meist um langlebige Konsumgüter des gehobenen Preissegments, die folgende Eigenschaften haben[178]:

„- Es besteht keine zwingende Notwendigkeit, den Kauf zu einem bestimmten Zeitpunkt zu tätigen.

- Der Kauf wird nicht durch gewohnheitsmäßiges Verhalten beeinflußt.

- Es liegt kein Spontankauf vor. "

Es handelt sich hier also um Kraftfahrzeuge, Werkzeuge, Reisen, Unterhaltungselektronik, Fernseher und ähnliches.

4.1.3 Spielerisch in die Pleite

Der Gebrauch dieser Dinge hat immer auch eine bestimmte Nebenwirkung: Sie stellen einen wunderbaren Zeitvertreib dar. Ich denke da vor allen Dingen an Unterhaltungselektronik, Videokameras, Fotoapparate und Werkzeuge des gehobenen Preissegments. Hier steht der Gebrauchswert oft in keinerlei Zusammenhang mit dem Kaufpreis. Ein preiswerteres Exemplar derselben Gattung hätte in den meisten Fällen denselben Zweck erfüllt. Aber neben dem Imagewert eines teuren Gerätes, der hier sicherlich auch nicht vernachläßigt werden darf; verfügt ein teures Gerät immer auch über eine breitgestaffelte Palette zusätzlicher Funktionen. Diese Funktionen sind aber für den normalen „Hausgebrauch" völlig überflüssig. Aber diese technisch hochwertigen Geräte und Werkzeuge sind eben auch wunderbare Spielzeuge mit vielen Knöpfen und Schaltern, deren genaue Funktion man erst nach dem langwierigen Studium von Gebrauchsanleitungen und etlichen Versuchen – vielleicht – versteht. Aber für die paar Schnappschüsse, die ein Mensch mit einer Spiegelreflexkamera in seinem Leben macht, hätte es auch eine einfache Kleinbildkamera getan.

---

[178] Katona nach Reis, etc. S. 159

Und die paar Löcher, die der Durchschnittsmensch in seinem Leben bohrt, würde auch eine einfache Bohrmaschine reichen. Aber eine ganze Branche, die Bau- und Heimwerkermärkte, lebt davon, ihren gelangweilten Kunden teure Spielzeuge zu verkaufen.

Dasselbe gilt für Fernseher, Stereoanlagen und Kraftfahrzeuge. Natürlich sind Kraftfahrzeuge, psychoanalytisch gesehen, Phallussymbole, aber in unserem Zusammenhang dürfte klar sein, daß ein schneller, roter Sportwagen aus Italien als Zeitvertreib besser geeignet ist als ein kleiner Stadtflitzer mit einem geräumigen Kofferraum.

Und ob es sich bei der neuen Anschaffung um ein Spielzeug, also einen Zeitvertreib handelt oder um einen aktivierenden Reiz, um es einmal mit Erich Fromm auszudrücken, das kann nicht so einfach prognostiziert werden. Erst wenn der Reiz des Neuen verflogen ist, wird deutlich, ob beim Käufer echtes, tiefes Interesse eine Rolle gespielt hat.

Wenn nicht, reduziert sich der Gebrauch des Fernsehers oder der Kamera auf ein Minimum: Eben auf seinen tatsächlichen Gebrauchswert. Seinen Wert als Zeitvertreib büßt das neue in der Regel dann ein, wenn es seinem Besitzer subjektiv nicht mehr als neu erscheint.

Dann muß folgerichtig wieder etwas Neues her, und das kostet wieder Geld. Daraus ergibt sich eine endlose Serie von immer wiederkehrenden Handlungsmustern.

4.1.4   Langeweile und Armut

Was letztendlich beim Phänomen der Verschuldung auch nicht vergessen werden darf, ist die Langeweile derer, die sich mitten im Prozeß der Verarmung befinden.

Denn sie können sich ja nun die Formen des Zeitvertreibs, die sie gewöhnt waren, nicht mehr wahrnehmen, sofern diese nicht mehr finanziert werden können.

Dies führt zu einem Hingehaltensein in die bedrückenden Lebensumstände, führt zu einem Leergelassensein, das durch den Verzicht bedingt wird. Zur Verschlimmerung der Situation führen hier häufig die in den Kreisen der sozial Deklassierten üblichen Formen der Ablenkung: Alkohol und andere Drogen.

4.2.   Langeweile und Drogen

Diese Kapitelüberschrift ist eigentlich nicht ganz treffend. Denn es geht hier um den Konsum von Heroin und Ecstasy. Aber diese beiden doch sehr unterschiedlichen Drogen stehen pars pro toto für alle stofflichen Süchte. Vor allen Dingen ging es mir um die Bedeutung der Langeweile in dem Moment des ersten Kontakts mit der Droge, denn hier spielt ja die körperliche oder seelische Abhängigkeit noch keine Rolle. Aber trotzdem greifen Menschen immer wieder zu Drogen. Außerdem interessierte mich das Problem des Hingehaltenwerdens und Leergelassensein in der Sucht.

Problematisch erscheint mir beim Begriff der „Droge", daß hier die unterschiedlichsten Substanzen unter einem Oberbegriff zusammengefaßt und ihre Gebraucher als „Drogensüchtige" klassifiziert werden. Das erscheint mir problematisch. Denn ein alkoholkranker Mensch hat andere Probleme als ein Junkie. Bei Tablettensüchtigen ist es ebenso. Also habe ich das Thema eingegrenzt.

Ich hätte genauso gut eine andere stoffliche Droge wählen können. Denn die meisten dieser Substanzen besitzen eine sedierende Wirkung. Sie und ihre Derivate werden oder wurden in der Therapie als Angstlöser eingesetzt, ich nenne hier nur Morphine und Alkohol. Andere wirken anregend und aktivierend, etwa Kokain und Coffein.

Alle diese Wirkungen auf den Körper verändern natürlich auch die Wahrnehmung und haben so eine bewußtseinserweiternde Wirkung. Diese Stoffe beheben einen subjektiv empfundenen Mangel. Gleichzeitig führen sie neben einer Gewöhnung auch zu einer psychischen und physischen Abhängigkeit.

Aber der ursächliche Grund für den Einstieg in den Konsum von Heroin kann ja nicht in der Sucht liegen. Der Mangel, den die betreffenden Menschen durch den Drogenkonsum bekämpfen, muß so schwer zu ertragen sein, daß ein Leben in der Sucht als geringeres Übel erscheint. Denn eines scheint mir sicher: Kein Einsteiger in die Drogenabhängigkeit tut den letzten Schritt, ohne zu wissen, auf was er sich einläßt, was er aufgibt und was er gewinnt.

4.2.1   Langeweile und Heroin

Was könnte aber der Mangel sein, den Menschen durch den Mißbrauch von Heroin zu bekämpfen suchen?

Clara Torda schreibt, daß es während des Erwachsenwerdens zu folgenden Problemen kommen kann[179]:

„Es tritt...eine Situation ein, in der es wegen des tiefgreifenden Objektverlustet zu Kummer, Langeweile und häufig auch zu ... Depressionen kommen kann. Der Verlust der ursprünglichen Objektbindungen äußert sich in einer verstärkt auf das Ich gerichtete Libido, während gleichzeitig die Symptome der Hilflosigkeit des Ichs auftreten."

Hierzu Helen:

„Wer Drogen nimmt, weiß, daß das sehr viele negative Seiten hat. Es ist sehr teuer und aufwendig, und trotzdem entscheiden wir uns dafür. Das heißt doch, daß es mehr positive, schöne Punkte hat als

---

[179] Torda, Clara: „Wie man die Behandlung Drogenabhängiger abkürzen könnte" in Von Scheid, Jürgen (Hrsg.): „Die Behandlung Drogenabhängiger", Nymphenburger Verlagshandlung, München, 1974, S. 55

negative. (...) Ich brauche ... eine Hilfe, eine Unterstützung. Das ist für mich Heroin. (...) Die innere Leere, an der so viele Leute leiden: Heroin füllt sie bei mir aus. Ich bin dann nicht mehr leer. Ich ruhe in mir. Für mich ist der Zustand, den ich mit Heroin erreiche, sehr ähnlich dem Zustand, den Leute durch Religion oder Yoga erreichen. Und das ist ein erstrebenswerter Zustand. Ich bin dann zufrieden, wenn ich in der Sonne sitze mit einer Zigarette, mehr brauche ich dann nicht."[180]

Helen ist dreißig Jahre alt, heroinsüchtig und verdient das Geld für ihre Sucht auf dem Straßenstrich in Zürich. Ihre Aussagen kann ich nur so deuten, daß Heroin gegen das innere Leergelassensein der existenziellen Langeweile eingesetzt wird. Dieses Leergelassensein ist schwerer zu ertragen als die Opiatsucht mit all ihren Folgen.

Das würde dann auch bedeuten, daß nicht in erster Linie der körperliche Entzug einem Leben ohne Heroin im Weg steht, sondern die Angst vor der existenziellen Langeweile. Diese Hypothese wird auch indirekt von Helen gestützt[181]:

„Die Hälfte der Mädchen ... schafft für Kokain an, nicht für Heroin, sie haben ja Methadon.l Heroin ist die einzige Droge, die ...körperlich so abhängig macht, daß Du sie wirklich jeden Tag ... haben mußt."

Dies ist ein Problem bei der Substitution von Heroin durch Methadon. Beim Alkoholiker würde man es „Saufdruck" nennen. Dieser Druck wird durch das Methadon genommen, aber es fehlt nun der Kick, der die Langeweile des Lebens erträglich macht. Außerdem hat der Drogensüchtige jetzt enorm viel Freizeit, nämlich die Zeit, die vorher zur Finanzierung der Sucht verbraucht wurde, steht nun zur freien Verfügung. Dies alles führt dazu, daß viele Substituierte

---

[180] Meier, Josy/Geiger, Thomas: „Seele miete – Gespräche mit Drogenprostituierten und ihren Freiern", Paranoia City Verlag, Zürich, 1995, S. 26f

[181] ebd. S. 77f

mit Alkohol und vor allem Kokain das Methadon ergänzen, daß ja selbst keine psychoaktive Wirkung hat.

Helen gibt außerdem im selben Buch[182] an, daß Methadon ein sehr potentes Opiat ist, die Entzugserscheinungen hier noch schwerer sind als beim Heroin und daß die meisten Junkies Angst haben vor diesen Entzugserscheinungen. Diese Ängste werden dann meist mit Alkohol betäubt. In diesem Zusammenhang wäre die Zahl derjenigen interessant, die zwar mit oder ohne Methadon vom Heroin entziehen und danach mit Alkohol substituieren.

Auf jeden Fall hat ein Sozialarbeiter häufig und aus den unterschiedlichsten Gründen Kontakt mit Drogensüchtigen.

Bei akut Abhängigen muß sich die Sozialarbeit nur auf Gesprächangebote und Hilfen beim Konsum wie regelmäßiger Spritzentausch beschränken. Dadurch wird die Gefahr von Infektionen, etwa mit dem HIV-Erreger oder mit Hepatitis, verringert.

Aber wenn sich der Süchtige entschlossen hat, zu entziehen, genügt es eben nicht, eine Therapiestelle zu vermitteln und ihn dort entziehen zu lassen. Neben den rein medizinischen Aspekten des Entzugs gibt es hier auch ein, wenn man so will, psychologisches Problem: Nach dem erfolgreichen Entzug sind ja die Ängste vor der Leere wieder da, die „existenzielle" Langeweile, und außerdem hat der frisch entzogene Junkie nun sehr viel freie Zeit, die es nun auszufüllen gilt. Denn er ist ja jetzt nicht mehr darauf angewiesen, seine Sucht zu finanzieren. Hier kann man es nun mit Nietzsche und Kant halten und die Lösung teilweise in der Erwerbsarbeit suchen. Aber das genügt nicht.

Denn die dritte Form der Langeweile, die Langeweile des Menschen an sich selbst, die ja ursächlich verantwortlich ist für den Beginn der Drogensucht, ist ja nun auch wieder da.

---

[182] ebd. S. 80

Und das Heroin schützt nicht mehr vor diesen Ängsten. Aber, wie ich bereits in den Kapiteln über Heidegger erwähnte, könnte die existenzielle Langeweile in bestimmten Nischen zum Einschlafen gebracht werden. Getötet werden kann sie natürlich nicht.

4.2.2   Langeweile und Ecstasy

Im Rahmen dieser Arbeit muß ich natürlich die Fragen nach der Kulturgeschichte der Drogen, ihre volkswirtschaftliche Bedeutung[183], ihre Nebenwirkungen und ähnliche Details leider vernachlässigen.

Im Gegensatz zu Heroin, das ja ein Opium-Derivat ist, handelt es sich bei Ecstasy um eine Mischung eines vollsynthetischen Amphetamins und verschiedener Streckmittel wie etwa Koffein.[184]

Während Heroin eine sedierende Wirkung hat, wirkt Ecstasy euphorisierend. Während die Auswirkungen des Heroin-Gebrauchs recht gut erforscht sind, ist das Wissen über die Ecstasy-Subkultur, falls es so etwas überhaupt gibt, eher dürftig.

Um dieses Wissen zu erweitern, wurde in Berlin für die Dauer von vier Wochen eine sogenannte „Ecstasy-Hotline" geschaltet. Hier konnten Ecstasy-User anrufen und anonym ihre Erfahrungen mit der Droge schildern.[185]

Dieses Angebot wurde von rund 250 Anrufern angenommen, die im Durchschnitt zwischen 18 und 24 Jahren alt waren[186].

---

[183] Siehe hierzu: Amendt; Günther: „Sucht Profit Sucht", Zweitausendeins Verlag, 1. Auflage, Frankfurt a. M., März 1984, S. 46ff

[184] Leitner, Barbara: „Psychische Abhängigkeit ist doch nicht so schlimm! – Hotline brachte neue Einblicke in die Ecstasy-Szene" in: „Psychologie heute", Julius Beltz Verlag, Weinheim, September 1996, S. 12

[185] ebd.

[186] ebd.

Über die Hälfte der Anrufer gab an, *„gemeinsam mit einem Freund und umgeben von einem größeren Bekanntenkreis beim Tanzen in einem der Techno-Clubs, angetörnt von harten Rhythmen, in die Welt der Modedroge eingeführt worden zu sein."*[187]
Es scheint sich also hier um einen Zeitvertreib zu handeln, und zwar um einen Zeitvertreib im Sinne der „Langeweile bei".

Außerdem ist aber auch folgendes anzumerken: Jugendliche besuchen gemeinsam eine Techno-Disco, um der Langeweile und Tristesse ihres Alltags wenigstens für ein paar Stunden zu entkommen.

Hier wäre ein Ansatzpunkt für eine sinnvolle Jugendsozialarbeit, die ja laut KJHG eine Pflichtaufgabe der Kommunen und Landkreise wäre[188].

Daß heranwachsende und junge Menschen versuchen, ihrem Leben in einer Jugendsubkultur einen Sinn zu geben, ist an sich nichts Ungewöhnliches. Aber problematisch wird es, wenn sie außerhalb dieser Subkultur nicht verwurzelt sind.

Und in der Subkultur der Raver gibt es einen Zeitvertreib: die Techno-Musik. Aber es ist problematisch, daß versucht wird, die Lustgefühle, die beim Tanze entstehen, durch die Einnahme synthetischer Drogen zu verstärken. Der so entstehende Kult verselbständig sich sehr schnell. Die Drogen-Nutzer neigen dazu, den Konsum „ihrer" Droge zu glorifizieren und zu bagatellisieren.

So fühlen sich viele der Anrufer nicht abhängig vom Ecstasy[189]. Das ist insofern auch plausibel, weil es hier, im Gegensatz zum Heroin, keine körperliche Abhängigkeit gibt. Aber die Autorin gibt zu be-

---

[187] ebd.

[188] Böhn, Siegfried/ Liese, H. J.: „Die sozialen Aufgaben der Kommunen und Landkreise – Praxisorientierter Ratgeber zu den sozialen Aufgaben", Walhalla Verlag, Regensburg, 1991, S 139ff

[189] Leitner, Barbara, a.a.O., S. 12

denken, daß neue Drogen auch neue Abhängigkeitsmuster mit sich bringen können.

Hier möchte ich der Autorin widersprechen. Zwar ist Ecstasy als Droge im Zusammenhang mit der Technoszene ein relativ junges Problem und Ecstasy hat auch sehr spezifische Wirkungen, aber bei der Schaltung der Ecstasy-Hotline ergab sich auch folgendes[190]:

„Und die Hälfte der Anrufer gibt zu, bereits Probleme nach dem Konsum verspürt zu haben. Neben körperlichen Komplikationen wie Übelkeit, Kreislaufproblemen oder Schmerzen beschrieben sie oft eine Art psychischen Kater: Gefühle der Leere (!), Angst und Depressionen."

Und diesen psychischen Kater beschreiben ja auch Heroin-Junkies nach dem Entzug.

Die Ursache für den Konsum von Heroin und Ecstasy ist die Angst vor der subjektiv empfundenen Leere. Die Unterschiede liegen vor allen Dingen in den in den jeweiligen Subkulturen üblichen Formen der Ablenkung. Aber auch hier sind die Übergänge fließend. Denn während in dem Stern-Buch „Christian F" die einzelnen Cliquen sich noch durch die in ihnen konsumierten Drogen voneinander unterscheiden[191], hat sich dies seit den 70er Jahren stark geändert. Gerade die Raver-Szene neigt zu einem polymorphen Drogenkonsum. Hier kann also höchsten gesagt werden, daß die Ecstasy-Konsumenten diese Droge bevorzugen. Ähnliches gilt aber heute, wie oben bereits angemerkt, für die meisten Drogenkonsumenten.

Die empfundene Leere und Tristesse, der „Ekel" vor dem eigenen Leben führt zum Drogenkonsum. Welche Droge nun bevorzugt kon-

---

[190] ebd. S. 12

[191] F., Christiane: „Wie Kinder vom Bahnhof Zoo", Gruner und Jahr, 13. Aufl., Hamburg, 1980

sumiert wird, hängt mit der Subkultur zusammen, die zum Zeitvertreib aufgesucht wird.

Aber stoffliche Drogen sind ja nicht die einzigen in Teilobereichen unserer Gesellschaft üblichen Formen des Zeitvertreibs.

4.3.   Langeweile und Sport

Natürlich geht es in diesem Kapitel nicht um die Langeweile von Klinsmann oder Matthäus. Und die krankhaft Gelangweilten müssen hier auch außen vor bleiben.

Die Frage ist, ob im Sport eine Möglichkeit liegt, die existenzielle Langeweile zum Einschlafen zu bringen.

Um nicht schon an der Heterogenität des Begriffs „Sport" zu scheitern, muß ich zunächst eine Begriffsbestimmung suchen, die genau die Art von „Sport" beschreibt, von der hier die Rede sein soll. Ich denke, daß folgende Definition ganz brauchbar ist:

„Sport ist jede Form der körperlichen Betätigung, die allein oder in einer Gruppe, mit bestimmten Sportgeräten und nach bestimmten Regeln durchgeführt wird."

Es bleibt dann natürlich die Frage, ob Schach eine Sportart ist. Aber schließlich wird der Boden beim Turnen auch als Gerät definiert. Aber es kommt hier ja auf andere Dinge an.

Die körperliche Betätigung allein oder in einer Mannschaft führt ja auch zu Erfolgs- und Mißerfolgserlebnissen. Die Mißerfolge sind wichtig, denn ohne diese könnte man die Erfolge ja nicht richtig genießen. Dies schließe ich jedenfalls aus der Kantschen Philosophie. Und die festen Regeln beim Sport stehen natürlich im krassen Gegensatz zur scheinbaren subjektiven Unordnung in der modernen Gesellschaft.

Außerdem kann durch Mißerfolge im Sport die Frustrationstoleranz ganz allgemein durch Konditionierung erhöht werden. Und diese

Frustrationstoleranz ist ja heute bei vielen jungen Menschen sehr niedrig.

Und schließlich ist auch ein Einzelathlet niemals allein. Es spielt zwar nicht in einer Mannschaft, aber er lebt in der Gemeinschaft anderer Athleten, mit denen er seine Kräfte mißt. Beim Sport kann also zum einen Gemeinschaftsfähigkeit gelernt werden, zum anderen sind zum Beispiel Sportvereine richtiggehende Kontaktbörsen.

Und Sport ist ja nicht nur für die Aktiven interessant. Im Zeitalter der Massenmedien bilden sportinteressierte Zuschauer eine große Gemeinschaft. Und ein Samstagnachmittag in der Fankurve entschädigt viele Menschen für eine langweilige Arbeitswoche.

Das alles sind Möglichkeiten, der Tristesse des Alltags zu entkommen. Natürlich kann auch jede Art von Sport als oberflächlicher Zeitvertreib mißbraucht werden. Denn Sport ist auch ein gesellschaftlich anerkannter Zeitvertreib.

Aber nichtsdestotrotz stecken im Sport genug Potentiale, um eine Lebensnische darzustellen, in der auch die existenzielle Langeweile zum Einschlafen gebracht werden kann.

4.4. Strafvollzug

4.4.1 Heterogenität der Insassen

Im „Besonderen Teil" des Strafgesetzbuches gibt es rund 250 verschiedene Paragraphen, die einen nach ihren Vorschriften Abgeurteilten ins Gefängnis bringen können[192]. Neben dem eigentlichen Strafgesetzbuch gibt es auch noch die sogenannten Nebenstrafgeset-

---

[192] Beck Texte im Deutschen Taschenbuch Verlag: „StGB – Strafgesetzbuch, WehrstrafG, WirtschaftsstrafG, BetäubungsmittelG und weitere Vorschriften des Nebenstrafrechts", C. H. Beck Verlag, 28. Aufl., München, Stand 15.1.1994, S. 80f

ze, wie etwa das Wehrstrafgesetz[193] und das Wirtschaftsstrafgesetz[194].

Ich möchte hier darauf hinweisen, daß in der Bundesrepublik immer eine bestimmte Tat verurteilt wird und niemals die Person, die diese Tat begeht.

Die einzige Ausnahme von dieser Regel bildet der §211 STGB, der sogenannte Mörderparagraph, im zweiten Satz dieses Paragraphen heißt es „Mörder ist..." und nicht etwa, wie ansonsten üblich ist: „Mord ist...".

Dieser Paragraph ist noch ein unseeliges Erbe der Gesinnungsjustiz der Nationalsozialisten.

Die Bandbreite der Straftatbestände ist enorm. Sie reicht von der „Vorbereitung eines Angriffskriegs" (§80), der „Störung der Totenruhe" (§168), „Mord" und „Totschlag" (§§211, 212) bis zum „Erpresserischen Menschenraub".

Allein die Heterogenität der Straftatbestände im STGB läßt den Schluß zu, daß die Menschen, die im Gefängnis sitzen, keine homogene Gruppe bilden.

Das ist nach meinen Erfahrungen als ehrenamtlicher Mitarbeiter der JVA Fulda auch tatsächlich nicht der Fall.Und nach Aussagen von Gefangenen unterscheiden sich auch die Gefängnisse sehr stark voneinander. Hier gibt es beispielsweise Unterschiede in den Vollzugsformen. Hier gibt es den Geschlossenen und Offenen Vollzug, Freigängerabteilungen und Sozialtherapeutische Abteilungen. Die JVA Fulda beispielsweise verfügt nur über eine Geschlossene und eine Freigängerabteilung. Die JVA Fulda ist ein Kurzstrafenknast, hier sitzen nur Untersuchungsgefangene und Strafgefangene mit einer Haftdauer unter 36 Monaten ein. Im Gegensatz dazu nenne ich hier

---

[193] ebd. S. 188
[194] ebd. S. 201

nur die JVA Diez, in der die Gefangenen einsitzen, die lange Strafen abzusitzen haben. Auch die schlichte Anzahl der Haftplätze variiert sehr stark. Während in Fulda nur 63 Haftplätze zur Verfügung stehen, gibt es beispielsweise in der JVA Kasse über 1500 Haftplätze.

Aber das Strafvollzugsgesetz nennt als Zweck des Strafvollzugs im §2 das Vollzugsziel, als den offiziellen Zweck des gesamten Strafvollzugs. Der Gefangene soll dazu befähigt werden, nach der Entlassung ein Leben in sozialer Verantwortung und ohne Straftaten führen. Das führt zu einer wahrhaft absurden Situation.

4.4.2   Langeweile Im Strafvollzug

Bei allen Unterschieden zwischen den Gefangenen, auf die ich oben hingewiesen habe, haben sie doch gewisse Gemeinsamkeiten.

Ihnen wird die Freiheit entzogen, damit sie lernen sollen, die Normen, die sie in der Vergangenheit gebrochen haben, in der Zukunft zu beachten, wenn sie wieder in Freiheit sind. Denn auf dieses Leben in Freiheit läuft doch alles wieder hinaus, sogar bei den „Lebenslänglichen". Zu diesem Zweck werden sie eingesperrt. In Gefangenschaft sind sie dann Mitglieder einer Subkultur, die an das Leben in Gefangenschaft angepaßt ist.

Pascal hatte ja bereits gemutmaßt, daß das Gefängnis deswegen so schwer zu ertragen ist, weil der Gefangene hier nicht die Ablenkung findet, die er von der Freiheit her gewöhnt ist und deswegen ganz auf sich selbst zurückgeworfen ist.

Da ist sicherlich ein wichtiger Aspekt, der vor allen Dingen in der ersten Zeit des allerersten Gefängnisaufenthalt eines Gefangenen eine große Rolle spielt. Aber im Gefängnis kommt jeder Gefangene zwangsläufig in Kontakt mit der knastinternen Subkultur.

Und wenn auch das Hingehaltensein in der Gefangenschaft nur durch Entlassung oder Flucht beendet werden könnte, wobei letzteres für die meisten doch eine exotische Illusion bleibt, mit der er

sich die ersten Wochen und Monate, während der Eingewöhnungs-
phase die Zeit vertreibt, ist das Leergelassensein eine Folge eine
Folge des von Pascal genannten Fehlens von Ablenkung. Denn hier
im Gefängnis kann sich der Gefangene nicht mehr in der Form ablenken, wie er es gewohnt ist. Soweit hatte Pascal sicherlich recht.
Aber der Knastaufenthalt ist auch Konditionierungsprozeß[195].

Der Gefangene lernt in der knastinternen Subkultur schnell die Regeln, die dort gelten und vor allen Dingen die dort üblichen Formen
des Zeitvertreibs kennen. Harald Preußker schreibt über die Einge-
wöhnungsphase[196]:

*„Er (der Gefangene) macht in der Regel ... physisch und psychisch
sehr viel durch. Er wird (...) versuchen, sich mit der Gefängniswelt
zu arrangieren, um einen einigermaßen erträglichen Platz in der
Subkultur zu finden. Er muß lügen, heucheln, mit den Wölfen heulen,
subkulturelle Regeln und Rituale beachten. Gefühle sind nicht er-
wünscht."*

Diese Regeln und Rituale dienen meist dem Unterleben der Totalen
Institution Gefängnis. Dieses Phänomen findet sich übrigens in allen
Totalen Institutionen[197].

Bevor ich fortfahre, möchte ich hier noch kurz die Definition einer
Totalen Institution wiedergeben, die Goffman auf Seite 17 gibt:

---

[195] Siehe auch: Walter, Michael: „Strafvollzug – Lehrbuch", Richard Boorberg Verlag, Stuttgart/München/Hannover, 1991, S. 188ff

[196] Preußker, Harald: „Stationen im Vollzug der lebenslangen Freiheitsstrafe"
in Komitee für Grundrechte und Demokratie (Hrsg.): „Lebenslange Freiheitsstrafe: Ihr geltendes Konzept, ihre Praxis, ihre Begründung – Erste
Öffentliche Anhörung, 14.-16- Mai 1993 –Dokumentation", Komitee für
Grundrechte und Demokratie, 1. Aufl., Köln, November 1993.

[197] Goffman, Erving: „Asyle – Über die soziale Situation Psychiatrischer Patienten und anderer Insassen", Suhrkamp Verlag, 1. Aufl., Frankfurt a. M.,
1972, S. 169ff

„1. Alle Angelegenheiten des Lebens finden an ein und derselben Stelle, unter ein und derselben Autorität statt.

2. Die Mitglieder der Institution führen alle Phasen ihrer täglichen Arbeit in unmittelbarer Gesellschaft einer großen Gruppe von Schicksalsgenossen aus, wobei allen die gleiche Behandlung zuteil wird und alle die gleiche Tätigkeit gemeinsam verrichten müssen.

3. Alle Phasen des Arbeitstages sind exakt geplant, (...) und die ganze Folge der Tätigkeiten wird von oben durch ein System expliziter formaler Regeln und durch einen Stab von Funktionären vorgeschrieben.

4. Die verschiedenen erzwungenen Tätigkeiten werden in einem einzigen rationalen Plan vereinigt, der angeblich dazu dient, die offiziellen Zwecke der Institution zu erreichen".

Nach diesen Gesichtspunkten ist ein Gefängnis sicherlich eine totale Institution. Und die Regeln, nach denen sich die Gefangenen zu richten haben, werden durch das Strafvollzugsgesetz[198] und die Hausordnung vorgeschrieben. Und alles dient offiziell nur der Erreichung des Vollzugsziels.

Wie gesagt, am Hingehaltensein kann der Gefangene nur wenig ändern, am Leergelassensein auch nicht, aber Zeitvertreibe finden sich genug.

4.4.3 Formen der durch die gefängnisinterne Subkultur geprägten Zeitvertreibe

Die wohl einfachste Formen des Zeitvertreibs in der Anstalt ist das Meckern über die Zustände in der Anstalt und das Tratschen über die Bediensteten und andere Gefangene.

---

[198] Beck Texte im Deutschen Taschenbuch Verlag: „StVollzG – Strafvollzugsgesetz, UntersuchungshaftO, StrafvollstreckungsO, JugendgerichtsG, BundeszentralregisterG, OpferentschädigungsG", C. H. Beck Verlag, 12. Aufl., München, Stand 1.2.92, S. 1-45

Beim Meckern geht es nicht etwa um berechtigte Beschwerden, die vorgebracht werden. Denn bei Beschwerden ist ja der Vorbringende daran interessiert, daß sich an den beanstandeten Zuständen etwas ändert. Aber beim Meckern gebt es um immer wiederkehrende Litaneien über die Unfähigkeit des Sozialdienstes oder die Qualität des Essens. Gerne werden diese Meckerein noch mit anschaulichen Beispielen beschrieben.

Beispielsweise hat der Koch Schuppen, die man jeden Mittag in der Suppe findet, oder er kaut Fingernägel und spuckt sie ins Essen. Anstaltsmitarbeiter sind dabei grundsätzlich unfähig und schlampig und von zweifelhafter Gesinnung, sie gehören beispielsweise einer rechtsradikalen Partei an.

Beim Tratschen über Mitgefangene geht es darum, daß die anderen doch wirklich Verbrecher sind, die selbst in der Anstalt ihre armen Mitgefangenen nur ausnutzen. Sehr beliebt als Objekt des Meckerns ist auch die anstaltseigne Bibliothek, die nie geöffnet hat und die sowieso viel zu schlecht ausgestattet ist.

Tatsächlich scheint es eher so zu sein, daß Strafgefangene überwiegend Illustrierte, Tageszeitungen und Kriminalromane lesen. Aber das ist völlig nebensächlich. Die Bibliothek ist ja so schlecht ausgestattet ...

Ein anderer beliebter Zeitvertreib ist das Aufsetzen von Anliegen an die Anstaltsleitung, den Sozialdienst oder sonst eine Einrichtung innerhalb der Anstalt.

Ich muß allerdings darauf aufmerksam machen, daß der Kontakt zwischen einzelnen Gefangenen und diesen Einrichtungen grundsätzlich nur über solche Anträge, in der Anstaltssprache Anliegen genannt, abgewickelt wird. Nicht jedes Anliegen dient automatisch dem Zeitvertreib.

Aber so ein Anliegen muß formuliert und geschrieben werden und der Gefangene hat die Gewissheit, daß sich irgendwo ein anderer

Mensch mit seinem Anliegen beschäftigen muß und wird. Und eventuell wird er ja auch zu einem persönlichen Gespräch gebeten. Das verspricht dann ja auch wieder Abwechslung. Es gibt Gefangene, die enorm viel Phantasie beim Verfassen von Anliegen an den Tag legen, wobei die Aussicht auf Erfolg bei diesen Anliegen eher nebensächlich ist.

Manchmal berufen sich diese Anliegen auf das Grundgesetz oder die Menschenrechtskonvention, wenn es etwa drum geht, statt der anstaltseigenen Bekleidung Privatkleidung tragen zu dürfen. Dieses Anliegen hat eigentlich keinerlei Aussicht auf Erfolg, denn die Kleiderordnung innerhalb der Anstalt ist genau festgelegt.

Eine andere Möglichkeit der Ablenkung ist der direkte Widerstand gegen Anweisungen des Personals und die Gewaltanwendung. Dieses Verhalten wird natürlich auch disziplinarisch und strafrechtlich geahndet, es bringt aber Abwechslung in den Alltag.

Weiter Formen des Zeitvertreibs bestehen im sich verschaffen von Vorteilen.

So habe ich selbst von Gefangenen gehört, daß sie sich „wildlebende" Tauben fangen, sie rupfen und mit Hilfe von Tauchsieder (zum Garen in Wasser), Schuhcreme (als Brennmaterial) und einer leeren Fischkonservendose (als Pfannenersatz zubereiten.

Die Gefangenen argumentieren damit, daß das Essen ja so schlecht sei und die Taube so gut schmecke. Bei ganz jungen Tauben mag das ja zutreffen, aber unsere alten Großstadttauben sind mit Sicherheit keine Gaumenfreude.

Aber das spielt ja keine Rolle.

So ein Taubenbraten erfordert Vorbereitung. Die Tauben müssen mit Brotkrumen auf das Fenstersims gelockt, gefangen und zubereitet werden.

Es kommt darüber hinaus auch gelegentlich vor, daß Gefangene, wenn sie aus disziplinarischen Gründen gesondert untergebracht sind, die Wände ihrer Zelle mit Kot beschmieren. Dieses Verhalten ist schon auf vielerlei Weise gedeutet worden. So könnte dieses Beschmieren der Wände eine letzte Möglichkeit des Gefangenen sein, sich auszudrücken. Das mag sicherlich zutreffen. Aber in jedem Fall ist es ein Zeitvertreib. Die Wände müssen beschmiert werden, dann gibt es ein Riesentheater mit den Bediensteten und schließlich muß der Gefangene die Zelle eigenhändig säubern.

Und bei dieser Disziplinarmaßnahme der Einzelunterbringung stehen dem Gefangenen ansonsten nur Bleistifte und Papier zur Verfügung. Keine Bücher, keine Zeitungen, kein Radio oder Fernsehen. Und das Einkoten der Wände gilt unter Gefangenen ja durchaus als möglicher Zeitvertreib in dieser Situation.

In diesem Zusammenhang über die Selbstmorde von Gefangenen zu schreiben, erscheint mir makaber.

Aber nach eigenen Schätzungen kommen auf 100 Gefangene sieben Selbstmorde pro Jahr, und das liegt weit über dem Durchschnitt. Und während sich „draußen" mehr Menschen über 65 als unter 30 entleiben, ist das Verhältnis in den Gefängnissen genau umgekehrt. Natürlich spielt dabei die Anhäufung von persönlichen Katastrophen wie etwa die drohende Abschiebung eine Rolle.

Aber wenn Pascal Recht hat und der Gefangene während seiner Haft zumindest zunächst auf sich selbst zurückgeworfen ist, dann könnte ja auch Camus recht haben, wenn er behauptet, daß der Mensch in einer solchen Situation zu dem Schluß kommt, daß sein Leben sinnlos war, es nur aus Gewohnheiten und Ablenkungen bestand und daß er dann daraus den Schluß zieht, daß dieses Leben nicht lohnt, gelebt zu werden.

Denn eines ist sicher: Das Leben eines Gefängnisinsassen ist absurd.

5.

SCHLUßWORT

Die Vorbereitungen für diese Diplomarbeit nahmen ungefähr sechs Monate in Anspruch. Nachdem sie nun vollendet ist, wird mir wahrscheinlich langweilig sein. Denn die Diplomarbeit war ein wichtiger Teil meines Lebens, der sehr viel Zeit in Anspruch genommen und mir geholfen hat, meinen Tagesablauf zu strukturieren. Mit anderen Worten: Sie gab einen hervorragenden Zeitvertreib ab.

Aber Gott sei Dank kann ich mich ja jetzt auf die Vorbereitung der mündlichen Prüfungen und auf die Suche nach einer Praktikumstelle konzentrieren. Aber vielleicht suche ich mir auch eine Freundin oder kaufe mir ein paar neue Computerspiele. Und in drei Wochen beginnt ja auch wieder das neue Semester. Dann ergeben sich wieder Möglichkeiten des Zeitvertreibs, wie sie in studentischen Kreisen üblich sind: Im Cafe sitzen, über Professoren und die anderen Studenten meckern, sich über das Leben im allgemeinen und die Mitglieder des jeweils anderen Geschlechts im besonderen zu wundern, und gelegentlich kann man auch an einer Vorlesung teilnehmen. Der Ablauf der Woche wird neu strukturiert.

Viele von diesen Aktivitäten stellen sicherlich einfach Zeitvertreibe dar. Aber wäre das studentische „Seyn" ohne diese Zeitvertreibe überhaupt denkbar? Und wenn ja – wäre es wünschenswert?

Meiner Meinung nach gehört es zur Freiheit des Menschen, die „existenzielle Langeweile" gelegentlich einzuschläfern und bestimmte Dinge einfach nur aus diesem Grund zu tun.

6.

LITERATURVERZEICHNIS

Amendt; Günther: Sucht Profit Sucht, Zweitausendeins Verlag, 1. Auflage, Frankfurt a. M., März 1984.

Beck Texte im Deutschen Taschenbuch Verlag: „StGB – Strafgesetzbuch, WehrstrafG, WirtschaftsstrafG, BetäubungsmittelG und weitere Vorschriften des Nebenstrafrechts", C. H. Beck Verlag, 28. Aufl., München, Stand 15.1.1994.

Beck Texte im Deutschen Taschenbuch Verlag: „StVollzG – Strafvollzugsgesetz, UntersuchungshaftO, StrafvollstreckungsO, JugendgerichtsG, BundeszentralregisterG, OpferentschädigungsG", C. H. Beck Verlag, 12. Aufl., München, Stand 1.2.92.

Beck, Ullrich: „Risikogesellschaft - Auf dem Weg in eine andere Moderne", Suhrkamp Verlag, Frankfurt a. M., 1986.

Beguin, Albert: „Pascal", Rowohlt Taschenbuch Verlag, 12. Aufl., Hamburg 1992.

Bellebaum, Alfred: „Langeweile, Überdruß und Lebenssinn – Eine geistesgeschichtliche und kultursoziologische Untersuchung", Westdeutscher Verlag, Opladen, 1990.

Böhn, Siegfried/ Liese, H. J.: „Die sozialen Aufgaben der Kommunen und Landkreise – Praxisorientierter Ratgeber zu den sozialen Aufgaben", Walhalla Verlag, Regenburg, 1991.

Camus, Albert: „Der Mythos vom Sisyphos – Ein Versuch über das Absurde, Rowohlt Taschenbuch Verlag, Hamburg, Juni 1959.

Csikszentmihalyi, Mihali: „Das Flow-Erlebnis – Jenseits von Angst und Langeweile", Ernst Klett Verlag, 2. Aufl., Stuttgart, 1972.

Eifel, Hanns: „Alexander Fleming – Zufall und Forscherglück retten Millionen Menschenleben" in Popp, Georg (Hrsg.): „Die Großen des 20. Jahrhundert – Bedeutende Staatsmänner, Künstler und Wissenschafter unserer Zeit", Arena Verlag, 2. Aufl., Würzburg, 1979.

F., Christiane: „Wir Kinder vom Bahnhof Zoo", Gruner und Jahr Verlag, 13. Aufl., Hamburg, 1980.

Freudenberger, Herbert/North, Gail: „Burn-Out bei Frauen – Über das Gefühl des Ausgebranntseins", Fischer Taschenbuchverlag, Frankfurt a. M., Juni 1994.

Fromm, Erich: „Anatomie der menschlichen Destruktivität", Rowohlt Taschenbuch Verlag, Reinbek bei Hamburg, Februar 1977.

Fromm, Erich: „Haben oder Sein", Deutscher Taschenbuch Verlag, 13. Aufl., München, Juni 1983.

Goffman, Erving: „Asyle – Über die soziale Situation Psychiatrischer Patienten und anderer Insassen", Suhrkamp Verlag, 1. Aufl., Frankfurt a. M., 1972.

Groth, Ulf/Schulz, Rolf/Schulz-Rackoll, Rolf: „Handbuch der Schuldnerberatung – Neues Handbuch der Wirtschaftssozialarbeit", Campus Verlag, Frankfurt a. M./New York, 1994.

Heidegger, Martin: „Gesamtausgabe, II. Abteilung: Vorlesungen 1923-44, Band 29/30 – Die Grundbegriffe der Metaphysik, Welt – Endlichkeit – Einsamkeit", Vittorio Klostermann, Frankfurt a. M., 1983.

Heidegger, Martin: „Sein und Zeit", Max Niemeyer Verlag, 17. Aufl., Tübingen 1993.

Kant, Immanuel: „Kants Werke – Akademie Werksausgabe", Walter de Gruyter, Berlin, 1968.

Kogon, Eugen: „Der SS-Staat – Das System der deutschen Konzentrationslager", Wilhelm Heyne Verlag, 8. Aufl., München, 1995.

Leitner, Barbara: „Psychische Abhängigkeit ist doch nicht so schlimm! – Hotline brachte neue Einblicke in die Ecstasy-Szene" in: „Psychologie heute", Julius Beltz Verlag, Weinheim, September 1996.

Meier, Josy/Geiger, Thomas: „Seele miete – Gespräche mit Drogenprostituierten und ihren Freiern", Paranoia City Verlag, Zürich, 1995.

Pascal, Blaise: „Gedanken – Eine Auswahl", Philipp Reclam jun., Stuttgart, 1991.

Preußker, Harald: „Stationen im Vollzug der lebenslangen Freiheitsstrafe" in Komitee für Grundrechte und Demokratie (Hrsg.): „Lebenslange Freiheitsstrafe: Ihr geltendes Konzept, ihre Praxis, ihre Begründung – Erste Öffentliche Anhörung, 14.-16- Mai 1993 –Dokumentation", Komitee für Grundrechte und Demokratie, 1. Aufl., Köln, November 1993.

Reis, Claus: „Konsum, Kredit und Überschuldung – Zur Ökonomie und Soziologie des Konsumentenkredits", Eigenverlag des Deutschen Verlag für Öffentliche und Private Fürsorge, Frankfurt a. M., 1992.

Riemann, Fritz: „Grundformen der Angst – Eine tiefenpsychologische Studie", Ernst Reinhardt Verlag, München, 1993.

Safranski, Rüdiger: „Ein Meister aus Deutschland – Heidegger und seine Zeit", Carl Hanser Verlag, München/Wien, 1994.

Sartre, Jean-Paul: „Das Sein und das Nichts – Versuch einer ontologischen Phänomenologie", Rowohlt Verlag, 1. Aufl., 1952.

Sartre, Jean-Paul: „Der Ekel", Rowohlt Taschenbuch Verlag, Reinbek bei Hamburg, 1982.

Schlechta, Karl: „Friedrich Nietzsche – Werke in drei Bänden – Erster Band", Carl Hanser Verlag, 9. Aufl., München, 1982.

Torda, Clara: „Langeweile – Untersuchungen zur Vorgeschichte eines literarischen Motivs", Wilhelm Fink Verlag, München, 1975.

Walter, Michael: „Strafvollzug – Lehrbuch", Richard Boorberg Verlag, Stuttgart/München/Hannover, 1991.

www.ingramcontent.com/pod-product-compliance
Lightning Source LLC
Chambersburg PA
CBHW022327280326
41932CB00010B/1256